Ott
Deusch

Schnittstelle Mathematik

Vorbereitungskurs

Merkur
Verlag Rinteln

Wirtschaftswissenschaftliche Bücherei für Schule und Praxis
Begründet von Handelsschul-Direktor Dipl.-Hdl. Friedrich Hutkap †

Die Verfasser:

Roland Ott
Oberstudienrat

Ronald Deusch
Oberstudienrat

* * * *

1. Auflage 2010

Gesamtherstellung:
MERKUR VERLAG RINTELN Hutkap GmbH & Co. KG, 31735 Rinteln
E-Mail: info@merkur-verlag.de
lehrer-service@merkur-verlag.de
Internet: www.merkur-verlag.de

ISBN 978-3-8120-0033-8

Vorwort

Der Übergang von Realschulen (RS), Werkrealschulen (WRS) und Berufsfachschulen (BFS) an berufliche Gymnasien (BG), Berufskollegs (BK) und Berufsoberschulen (BOS) stellt für viele Schülerinnen und Schüler gerade im Fach Mathematik eine hohe Hürde dar. Häufig macht ein gravierender Leistungsabfall nach dem Wechsel in die Eingangsklasse der weiterführenden Schule das Fach Mathematik zu einem Problemfach. Um diese Hürde zu überwinden, benötigen die Schülerinnen und Schüler individuelle Förderung und Hilfestellung.

Abgebende und aufnehmende Schulen arbeiten hier zunehmend zusammen und vereinbaren sogar vertraglich Kooperationen. Deshalb bieten mittlerweile Lehrer und Schülermentoren an vielen Schulen Vorbereitungs- und Stützkurse an, die diesen Übergang ohne Zeit- und Motivationsverlust bewältigen helfen.

Das vorliegende Werk ist ein Arbeitsbuch für alle Vorbereitungskurse an RS, WRS und BFS sowie für alle Stütz- und Vorbereitungskurse an BK, BG und BOS.

Anhand von Musterbeispielen mit ausführlichen Lösungen werden die grundlegenden Vorkenntnisse für die Eingangsklassen der weiterführenden Schularten erarbeitet, d. h., die rechentechnischen Grundfertigkeiten werden trainiert und der Aufbau von grundlegenden mathematischen Kompetenzen wird gefördert. Jede Lerneinheit schließt mit einer ausreichenden Anzahl von Aufgaben mit unterschiedlichem Schwierigkeitsgrad ab. Diese eignen sich zur Ergebnissicherung, zur Übung und als Hausaufgaben. Am Ende des Buches sind zur Selbstkontrolle die Lösungen abgedruckt.

Um dem Schüler eine schnelle Orientierung über die Inhalte zu ermöglichen, werden Farben als Gestaltungsmittel eingesetzt.

Aufgabenbeispiele und Aufgaben sind grau hinterlegt.

Definitionen, Festlegungen, Merksätze und mathematisch wichtige Grundlagen sind rot hinterlegt.

Bemerkungen, Hinweise und Beachtenswertes sind blau hinterlegt.

Hinweise und Anregungen, die zur Verbesserung beitragen, werden dankbar aufgegriffen.

Die Verfasser

Inhaltsverzeichnis

1 Zahlenmengen

Eine Zahlenmenge ist eine Zusammenfassung von unterscheidbaren Zahlen.

Mengen werden mit großen lateinischen Buchstaben bezeichnet.

Beispiel

Gegeben ist die Menge $A = \{1; \frac{3}{2}; \frac{9}{4}; 8; 14\}$.

1 ist ein Element aus A — $1 \in A$

8 ist ein Element aus A — $8 \in A$

$\frac{1}{2}$ ist kein Element aus A — $\frac{1}{2} \notin A$

Schreibweisen für Mengen

$B = \{1; \frac{3}{2}; \frac{9}{4}; 8\}$ — aufzählende Darstellung

$\quad = \{x \in A \mid x < 10\}$ — beschreibende Darstellung

In Worten: Menge aller x aus A, für die gilt: $x < 10$.

Sonderfälle

$C = \{x \in A \mid x < 0{,}5\} = \emptyset$ — leere Menge, d. h., die Menge enthält kein Element.

$D = \{x \in A \mid x \geq 14\} = \{14\}$ — Die Menge enthält nur ein Element.

Besondere Zahlenmengen

Menge der natürlichen Zahlen: $\mathbf{N} = \{0; 1; 2; 3...\}$

Menge der **natürlichen Zahlen ohne null:** $\mathbf{N}^* = \{1; 2; 3...\}$ * bedeutet ohne null

Menge der **ganzen Zahlen:** $\mathbf{Z} = \{... -2; -1; 0; 1; 2; 3...\}$

Menge der **rationalen Zahlen:** $\mathbf{Q} = \{\frac{p}{q} \mid p, q \in Z; q \neq 0\}$

(Menge aller Zahlen, die sich als Bruch darstellen lassen.)

In Worten: Menge aller Bruchzahlen $\frac{p}{q}$ für die gilt: $p, q \in Z$ und $q \neq 0$.

Menge der **irrationalen Zahlen,** die Elemente sind nicht als Bruch darstellbar.

Beispiele für irrationale Zahlen: $\sqrt{3}; \sqrt{\frac{1}{2}}; \pi$

Menge der **reellen Zahlen:** $\mathbf{R}$

Sie besteht aus der Menge der rationalen und der Menge der irrationalen Zahlen.

Menge der **reellen Zahlen ohne null:** $\mathbf{R}^*$

Menge der **positiven reellen Zahlen:** $\mathbf{R}_+$ (Null ist enthalten.)

Menge der **negativen reellen Zahlen:** $\mathbf{R}_-$ (Null ist enthalten.)

Beachten Sie:

N ⊂ Z ⊂ Q ⊂ R

N ⊂ Z bedeutet:

N ist Teilmenge von Z,

d. h., jede natürliche Zahl

ist auch eine ganze Zahl.

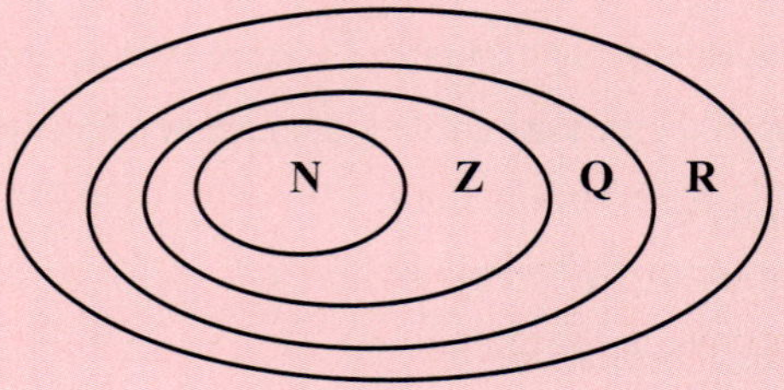

Aufgaben

1. Bestimmen Sie die Menge
   a) aller Teiler von 12.
   b) aller Quadratzahlen, die kleiner als 90 sind.

2. Die Elemente der Menge A haben eine gemeinsame Eigenschaft. Welche?
   Geben Sie drei weitere Elemente von A an.
   a) $A = \{2; 4; 6; 8; ...\}$ b) $A = \{1; \frac{1}{2}; \frac{1}{3}; \frac{1}{4}; \frac{1}{6}; \; ...\}$ c) $A = \{0; \frac{1}{2}; \frac{2}{3}; \frac{3}{4}; ...\}$

3. Geben Sie vier Elemente der Menge B an. Geben Sie eine Zahl an, die die Bedingung erfüllt, aber nicht zu B gehört.
   a) $B = \{x \in \mathbf{Q} \mid 0 < x < 1\}$ b) $B = \{x \in \mathbf{Z} \mid -10 < x < -5\}$

4. Welche Zahlen gehören zu welcher Zahlenmenge?
   Verwenden Sie die Zeichen $\notin$ oder $\in$.

	N	**Z**	**Q**	**R**
12,5				
-4				
$\frac{2}{7}$				
$-28{,}352$				
$\sqrt{19}$				
$\sqrt{-4}$				
14^2				
2π				
$3\frac{1}{5}$				
$\sqrt{\frac{256}{16}}$				

Teilmengen der Menge der reellen Zahlen (Intervalle)

Beispiele

Menge A der reellen Zahlen, die größer oder gleich 0 **und** kleiner oder gleich 6 sind.

A in **Mengenschreibweise:** $A = \{x \in \mathbf{R} \mid x \geq 0 \wedge x \leq 6\} = \{ x \in \mathbf{R} \mid 0 \leq x \leq 6 \}$

A in **Intervallschreibweise:** $A = [0; 6]$

Darstellung des Intervalls am Zahlenstrahl:

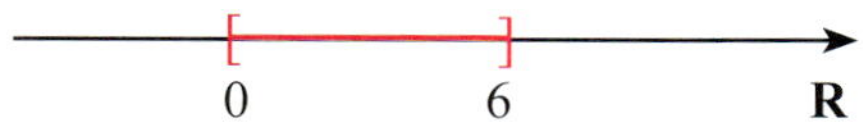

$\wedge$ bedeutet „und".

Menge B der reellen Zahlen, die größer 3 und kleiner 7 sind: $B = \{x \in \mathbf{R} \mid 3 < x < 7 \}$

B in **Intervallschreibweise:** $B =]3; 7[$

Darstellung des Intervalls am Zahlenstrahl:

Menge C der reellen Zahlen, die kleiner – 2 **oder** größer 2 sind: $C = \{x \in \mathbf{R} \mid x < -2 \vee x > 2\} = \mathbf{R} \setminus [-2; 2]$

Darstellung des Intervalls am Zahlenstrahl:

$\vee$ bedeutet „oder".

Aufgaben

1. Schreiben Sie als Intervall. Kennzeichnen Sie die Menge am Zahlenstrahl.

   a) $A = \{x \in \mathbf{R} \mid x \geq 0 \wedge x \leq 6 \}$ b) $B = \{x \in \mathbf{R} \mid -1 < x < 9 \}$

   c) $C = \{x \in \mathbf{R} \mid -1{,}5 \leq x \leq 1 \}$ d) $D = \{x \in \mathbf{R} \mid x \leq 2{,}25 \}$

2. Beschreiben Sie die Menge in Worten.

   a) $A = \{x \in \mathbf{R} \mid x \leq 4{,}2 \}$ b) $B = \{x \in \mathbf{R} \mid x \geq -3 \wedge x < 3 \}$

   c) $C = \{x \in \mathbf{R} \mid x \geq -5 \wedge x \geq 0{,}5 \}$ d) $D = \{x \in \mathbf{R} \mid x \geq -6 \vee x \leq 2 \}$

3. Schreiben Sie in Mengenschreibweise.

   a) $[-1; 0]$ b) $]-\infty; 0]$ c) $]2; 12[$ d) $[-5; \infty[$

4. Beschreiben Sie die rot markierte Menge.

   a)

   b)

   c)

   d)

2 Rechnen mit Termen

2.1 Algebraische Begriffe

Beachten Sie:	Ein **Term** ist ein mathematischer Ausdruck.	
	Terme sind Zahlen	$2;\ 3^2;\ \sqrt{12};\ 4{,}5;\ \ldots$
	oder **Variablen**	$a;\ b;\ x^3;\ \sqrt{x};\ \ldots$
	oder sinnvolle Kombinationen von	
	Variablen, Zahlen und Rechenzeichen.	$5 \cdot \frac{6}{7} + 8;\ 4x + 5y;\ \ldots$

Addition

Summanden

$$\underbrace{a + b}_{\text{Summe}}$$

Subtraktion

$$\underbrace{a - b}_{\text{Differenz von a und b}}$$

Multiplikation mit Variablen:

Variable → x

$3 \cdot x$

Koeffizient → 3

$$\underbrace{x + x + x}_{\text{Summe}} = \underbrace{3 \cdot x}_{\text{Produkt}}$$

Faktoren

$$\underbrace{x \cdot x \cdot x}_{\text{Produkt}} = \underbrace{x^3}_{\text{Potenz}}$$

a^n	Potenz
a	Basis
n	Exponent

Division

Zähler → a, Nenner → b

$$\frac{a}{b}\ \text{Quotient (Bruch)}$$

$$\frac{1}{a}$$

Kehrwert von a

Beachten Sie: Die Quadratwurzel aus einer **nichtnegativen** Zahl a ist die Zahl größer oder gleich null, die mit sich selbst multipliziert a ergibt.
Für $a \geq 0$ gilt $\sqrt{a} \geq 0$ und $\sqrt{a} \cdot \sqrt{a} = (\sqrt{a})^2 = a$.

Aufgaben

1. Berechnen Sie die Summe, die Differenz, das Produkt und den Quotienten aus den beiden Zahlen.

   a) 14; 22 b) 3,5; 2,5 c) $\frac{3}{4}; \frac{5}{8}$

2. Zerlegen Sie in ein Produkt.

   a) 3^4 b) $4\pi + 4$ c) $2x + 5x + 4{,}5x$

3. Kürzen Sie den Bruch soweit wie möglich.

   a) $\frac{156}{9}$ b) $\frac{24}{176}$ c) $\frac{102}{60}$

4. Bilden Sie den Kehrwert.

   a) 5 b) 2,3 c) $\frac{3}{7}$ d) $5\frac{1}{2}$ e) $\frac{a}{3}$

5. Vereinfachen Sie.

   a) $\frac{\frac{13}{7}}{3}$ b) $\frac{2}{\frac{5}{9}}$ c) $(4 + \frac{3}{7}) \cdot \frac{7}{6}$ d) $\frac{5}{17} \cdot 2 + \frac{5}{17} \cdot 8$

6. Vereinfachen Sie.

   a) $(\sqrt{3})^2$ b) $\sqrt{50} + \sqrt{2}$ c) $(\sqrt{a})^3$ d) $\frac{1}{2}(\sqrt{2})^3$

7. Berechnen Sie ohne TR.

   a) $1{,}02 \cdot 15$ b) 12 % von 550 c) $\frac{4}{5}$ von 30

   d) 9,018 : 9 e) $\frac{3}{4}$ von – 200 f) $\frac{12}{5}$ von 40

   g) $(\frac{9}{11})^2$ h) $\frac{1}{2}$ von $\frac{3}{4}$ i) $2{,}6 \cdot (-1{,}2)$

8. Ergänzen Sie die folgende Tabelle

x	y	$x + 2y$	$x - 2y$	$1{,}2(x - y)$	$(x + y)^2$	$\frac{1}{x} + \frac{1}{y}$	$\frac{1}{2}x^2$	$x \cdot y$	$-1 - y^2$
3	5								
– 2	– 6								
– 4	3								
0	– 12								
	– 5	0							
		6	–2						
$\frac{1}{2}$	$\frac{1}{4}$								
5	$\frac{1}{5}$								
– 0,2	1,4								
0,6	– 3								
a	2a								
$-\frac{3}{4}$	$-\frac{2}{3}$								

2.2 Rechnen mit Summen und Differenzen

1) **Gleichartige Glieder lassen sich zusammenfassen.**

$2x + 5y - 4x - 15y - 23x + 2{,}5y = 2x - 4x - 23x + 5y - 15y + 2{,}5y = -25x - 7{,}5y$

2) **Rechenzeichen und Vorzeichen vor der Klammer beachten.**

$-(4a - 2b) - (b - a) + 5a = -4a + 2b - b + a + 5a = 2a + b$

3) **Jedes Glied der Summe wird mit dem Faktor multipliziert.**

Gliedweise ausmultiplizieren.

$6(x - 2y) - 8(3 - 4x - 2y) + 1 = 6x - 12y - 24 + 32x + 16y + 1 = 38x + 4y - 23$

4) **Faktoren dürfen vertauscht werden.**

$\frac{2}{3}xy \cdot (-3x) = \frac{2}{3} \cdot (-3) \cdot x \cdot x \cdot y = -2x^2y$

5) **Klammern werden von innen nach außen aufgelöst.**

$a - \frac{1}{2}[5a - (b - 8a)] = a - \frac{1}{2}[5a - b + 8a] = a - \frac{1}{2}(13a - b) = a - \frac{13}{2}a + \frac{1}{2}b = -\frac{11}{2}a + \frac{1}{2}b$

6) **Multiplikation von Summen.**

$(a - 3)(a + 8) = a^2 - 3a + 8a - 3 \cdot 8 = a^2 + 5a - 24$

Beachten Sie: **Ausmultiplizieren** von Summen heißt, jeden Summanden der einen Summe mit jedem Summanden der anderen Summe multiplizieren.

Unterscheiden Sie: $(x - 4)(x - 2) = x^2 - 6x + 8$

$x - 4 \cdot (x - 2) = x - 4x + 8 = -3x + 8$

Punktrechnung vor Strichrechnung

Aufgaben

1. Vereinfachen Sie.

a) $18a - 3x + 6a - 3(x + a) - 5(a - 2x)$

b) $15ax + 3ax - 7a \cdot (-2x)$

c) $2 \cdot 4a \cdot 3b + 5a \cdot 2b - 18ab$

d) $-3(x^2 - x) + (x^2 - 2x + 3) \cdot (-2)$

e) $6{,}5x^2 - [5x - x(3 - 4x) + 2] \cdot (-0{,}5)$

f) $x - 5x(x^2 - 3x) \cdot (-4) - 5x^2$

g) $1{,}2 \cdot (x + x \cdot 1{,}2) + 1{,}2^2 \cdot x$

h) $-\frac{a^2}{2} - (\frac{3}{2}a)^2 + \frac{1}{4}(2 - 2a^2)$

i) $\frac{1}{5}x - 3[x - x(1 - 4a) + ax]$

j) $\frac{3}{2}[5(x - 2(x - 4)) + 2]$

2. Multiplizieren Sie aus.

a) $(x - 5)(x - 2)$

b) $\frac{2}{3}(x - 2)(x + 3)$

c) $\frac{1}{2}(x - 5)(x + 5)$

d) $\frac{3}{2}(x + 4)(x + 4)$

e) $(4 - 2x)(-2x + 4)$

f) $\frac{x - 5}{2} \cdot (4x + 8)$

2.3 Rechnen mit Brüchen

1) **Gleichnamige Brüche addieren, heißt Zähler addieren und Nenner beibehalten.**

a) $\frac{3}{5} - \frac{4}{5} + 1 = \frac{\mathbf{3-4+5}}{\mathbf{5}} = \frac{4}{5}$

b) $\frac{x}{3} + \frac{7x}{3} = \frac{x+7x}{3} = \frac{8x}{3}$

2) **Ungleichnamige Brüche werden zunächst gleichnamig gemacht (erweitert) und dann addiert.**

a) $\frac{1}{2} - \frac{6}{5} = \frac{\mathbf{5}}{\mathbf{10}} - \frac{\mathbf{12}}{\mathbf{10}} = -\frac{7}{10}$

b) $-\frac{x}{4} - \frac{3x}{2} = -\frac{x}{4} - \frac{6x}{4} = -\frac{7x}{4} = -\frac{7}{4}x$

3) **Brüche werden multipliziert, indem man Zähler mit Zähler und Nenner mit Nenner multipliziert.**

a) $\frac{5}{8} \cdot \frac{1}{7} = \frac{\mathbf{5 \cdot 1}}{\mathbf{8 \cdot 7}} = \frac{5}{56}$

b) $\frac{3}{4} \cdot \frac{x}{6} = \frac{3 \cdot x}{4 \cdot 6} = \frac{x}{8} = \frac{1}{8}x$ (kürzen)

c) $\frac{12}{7} \cdot 9 = \frac{12}{7} \cdot \frac{\mathbf{9}}{\mathbf{1}} = \frac{12 \cdot 9}{7} = \frac{108}{7}$

d) $\frac{1}{2}x \cdot \frac{12}{7}x = \frac{1}{2} \cdot \frac{12}{7}x^2 = \frac{6}{7}x^2$

4) **Man dividiert durch einen Bruch, indem man mit dessen Kehrwert multipliziert.**

a) $\frac{\frac{7}{8}}{\frac{7}{4}} = \frac{7}{8} \cdot \frac{\mathbf{4}}{\mathbf{7}} = \frac{1}{2}$ (kürzen)

b) $\frac{\frac{45}{8b}}{\frac{9c}{4b}} = \frac{45}{8b} \cdot \frac{4b}{9c} = \frac{5}{2 \cdot c}$

c) $\frac{\frac{2}{5}}{9} = \frac{\frac{2}{5}}{\frac{9}{1}} = \frac{2}{5} \cdot \frac{\mathbf{1}}{\mathbf{9}} = \frac{2}{45}$

d) $\frac{\frac{m}{s}}{s} = \frac{m}{s} \cdot \frac{1}{s} = \frac{m}{s^2}$

Beachten Sie: $\frac{0}{1} = 0$, aber $\frac{1}{0}$ ist nicht definiert.

Aufgaben

Vereinfachen Sie.

a) $\frac{1}{2} + \frac{2}{3} - 2$

b) $\frac{2}{5} + \frac{21}{5} - \frac{3}{8} \cdot \frac{4}{15}$

c) $\frac{1}{7} - \frac{3}{14} + \frac{1}{21}$

d) $\frac{x}{2} + \frac{x}{3} - 3x$

e) $\frac{x}{5} + \frac{2x}{5} - \frac{3}{8}x$

f) $\frac{1}{a} - \frac{3}{a} + \frac{1}{2a}$

g) $\frac{\frac{3}{x}}{2} + \frac{5}{x}$

h) $\frac{\frac{2}{x}}{4x} - \frac{5}{x^2}$

i) $\frac{5}{\frac{1}{a}} + 3a$

j) $\frac{4}{3a} \cdot \frac{a}{5}$

k) $\frac{x}{3} : \frac{x}{5}$

l) $\frac{1}{t} \cdot \left(\frac{3}{2t}\right)^2$

2.4 Vereinfachung durch Ausklammern

Vorgehensweise beim Ausklammern: Man zerlegt alle Summanden in Faktoren.

Dann wird der (größte) gemeinsame Faktor ausgeklammert.

Beispiele

1) $7x - 14 = 7x - 7 \cdot 2 = 7(x-2)$ $\qquad -4x + 2 = -2 \cdot 2x + 2 = 2(-2x+1) = -2(2x-1)$

2) $\underbrace{30x + 39y - 51}_{} = 3 \cdot 10x + 3 \cdot 13y - 3 \cdot 17 = 3 \cdot \underbrace{(10x + 13y - 17)}_{}$

Summe **gemeinsamer Faktor** **Produkt**

Probe durch Ausmultiplizieren.

3) $-\frac{3}{8} - x - \frac{7}{8}y = -\frac{3}{8} - \frac{8}{8}x - \frac{7}{8}y = -\frac{1}{8}(3 + 8x + 7y)$

Beim Ausklammern eines negativen Faktors Vorzeichen beachten.

$-9 + 9x = -9 \cdot (1 - x) = 9(x-1)$

4) $x^2 - 8x = x(x-8)$

5) $4(x-5) + x(x-5) = (x-5)(4+x)$

(x – 5) ist der gemeinsame Faktor.

6) $\frac{6-12x}{6} = \frac{6(1-2x)}{6} = 1 - 2x$ $\qquad \frac{18x - 15x^2}{3} = \frac{1}{3}(18x - 15x^2) = 6x - 5x^2$

Keine Summanden, sondern nur Faktoren kürzen.

Beachten Sie: Das **Ausklammern** macht aus einer **Summe** ein **Produkt.**

Aufgaben

1. Bestimmen Sie den Klammerausdruck.

a) $18x - 12 = 3 \cdot (...)$ b) $\frac{5}{4}a - \frac{3}{4}b = \frac{1}{4} \cdot (...)$ c) $-x + 2xy = -x \cdot (...)$

d) $ax^2 - 8x = x(...)$ e) $\frac{4}{3}a + a^2 = \frac{4}{3}a(...)$ f) $2{,}5a - 1{,}5ab - 0{,}5a^2 = 0{,}5a(...)$

2. Vereinfachen Sie.

a) $\frac{1}{2}(2x-2) - \frac{3}{8}(2x-2)$ b) $4tx - 8tx + 4t$ c) $x \cdot t - 2x \cdot t + 4t$

d) $\frac{1}{5}(x-3) - \frac{4}{5}x + \frac{12}{5}$ e) $\frac{4x-12}{4} - 6 \cdot \frac{5x-15}{5}$ f) $\frac{1}{2} \cdot \frac{2x-6y}{5}$

g) $1 - \frac{2x-8}{2}$ h) $\frac{2}{3}(4-2x) - \frac{4x-2}{3}$ i) $\frac{8x-2}{2} - \frac{3}{8}(32x-8)$

2.5 Zerlegung in Linearfaktoren

Beispiele

1) $(x-2)(x-5) = x^2 - 5x - 2x + 10 = x^2 - 7x + 10$

d. h. $-7 = -2 - 5$ und $10 = (-2) \cdot (-5)$

$(x-2)(x-5)$ ist die Zerlegung von $x^2 - 7x + 10$ in Linearfaktoren.

2) $x^2 - 5x + 6 = (x + \square)(x + \square)$

Für die gesuchten Werte gilt: Die Summe ist gleich -5 und das Produkt ist gleich 6.

Die Bedingungen sind erfüllt für die Zahlen -3 und -2.

Zerlegung: $x^2 - 5x + 6 = (x-3) \cdot (x-2)$

3) $x^2 + 6x - 7 = (x + \square)(x + \square)$

Für die gesuchten Werte gilt: Die Summe ist gleich 6 und das Produkt ist gleich -7.

Die Bedingungen sind erfüllt für die Zahlen 7 und -1.

Zerlegung: $x^2 + 6x - 7 = (x+7) \cdot (x-1)$

Binome als Sonderfälle

1) $x^2 - 8x + 16 = (x-4)(x-4)$

2) $x^2 + 6x + 9 = (x+3)(x+3)$

3) $\frac{1}{2}x^2 - 6x + 18 = \frac{1}{2}(x^2 - 12x + 36) = \frac{1}{2}(x-6)(x-6)$

Diese drei **Sonderfälle** treten in vielen Umformungen auf. Deshalb ist es sinnvoll, sich die nachfolgenden binomischen Formeln zu merken.

Binomische Formeln:

$(a+b)^2 = a^2 + 2ab + b^2$

$(a-b)^2 = a^2 - 2ab + b^2$

$(a-b)(a+b) = a^2 - b^2$

Aufgaben

Schreiben Sie in Produktform.

a) $x^2 + 10x + 25$

b) $4x^2 - 8x + 4$

c) $\frac{1}{2}x^2 - x + \frac{1}{2}$

d) $49 - 14a + a^2$

e) $x^2 + 7x + 10$

f) $-x^2 + 6x - 9$

g) $k^2 + 6k + 5$

h) $\frac{1}{4}x^2 - 3x + 9$

i) $u^2 - 7u - 8$

j) $\frac{1}{3}(x^2 - 6x + 5)$

k) $4t^2 - 4t + 1$

l) $25x^2 - 9$

2 Ott, Deusch ISBN 978-3-8120-0033-8

2.6 Rechnen mit Potenzen

Potenzgesetze

1. Potenzen mit gleicher Basis werden multipliziert (dividiert), indem man die Hochzahlen addiert (subtrahiert), und die Basis beibehält:

$a^n \cdot a^m = a^{n+m}$ $\qquad \frac{a^n}{a^m} = a^{n-m}$; $a \neq 0$

Beispiele

a) $5^4 \cdot 5^2 = 5^{4+2} = 5^6$

b) $x \cdot x^3 = x^1 \cdot x^3 = x^{1+3} = x^4$

c) $\frac{5^4}{5^3} = 5^{4-3} = 5^1$

d) $\frac{2^4}{2^4} = 2^{4-4} = 2^0 = 1$

e) $\frac{a^2}{a^3} = a^{2-3} = a^{-1} = \frac{1}{a}$

f) $2^{x-1} = \frac{2^x}{2}$

Sinnvolle Festlegungen: $a^0 = 1$; $a \neq 0$ $\qquad$ **$a^{-1} = \frac{1}{a}$; $a \neq 0$**

2. Potenzen mit gleicher Hochzahl werden multipliziert (dividiert), indem man das Produkt (den Quotienten) der Basen mit der gemeinsamen Hochzahl potenziert:

$a^n \cdot b^n = (a \cdot b)^n$ $\qquad \frac{a^n}{b^n} = \left(\frac{a}{b}\right)^n$; $b \neq 0$

Beispiele

a) $(-16)^3 \cdot \left(\frac{1}{2}\right)^3 = \left(-16 \cdot \frac{1}{2}\right)^3 = (-8)^3 = -512$

b) $(-\frac{x}{4})^3 = -\frac{x^3}{4^3} = -\frac{x^3}{64}$

3. Eine Potenz wird potenziert, indem man die Hochzahlen multipliziert und die Basis beibehält: $(a^n)^m = a^{n \cdot m}$

Beispiele

a) $(2^2)^3 = 2^{2 \cdot 3} = 2^6$

b) $(x^3)^2 = x^6$

c) $(-x^2)^4 = (x^2)^4 = x^8$

Bemerkung: Die Potenzgesetze gelten auch für Hochzahlen aus der Menge **Z**.

Aufgaben

1. Vereinfachen Sie.

a) $2x^2 \cdot x^4$ b) $4x^2 \cdot (x^4 - 5x)$ c) $(\frac{1}{4}x^2)^3$ d) $(\frac{2x}{3})^4$

e) $(3x)^2$ f) $\frac{x^5}{3x}$ g) $\frac{10^4}{2^4} + 5^4$ h) $(-\frac{4}{7}x)^3$

i) $\frac{1}{5}a^4 \cdot a$ j) $\frac{3a^3}{2a^2}$ k) $(-2x)^4$ l) $(-1{,}05)^3$

2. Schreiben Sie ohne Hochzahl.

a) $6{,}1 \cdot 10^6$ b) $4 \cdot 10^{-3}$ c) $0{,}3 \cdot 10^{-4}$ d) $1{,}25 \cdot 10^3$

Aufgaben

1. Vervollständigen Sie den Text.

   a) Der Term 3(a + b) ist ein ☐. a und b sind ☐.

   b) Der Term $\frac{5}{4}x^3 + x^2$ ist eine ☐. x^3 und x^2 sind ☐. 3 ist eine ☐.

   c) Der Term $\frac{3}{a-b}$ ist ein ☐. a – b ist der ☐ und eine ☐.

2. Ergibt der Term $(a - 4 \cdot (3b - 2c)) \cdot 2$ die Zahl 60, wenn man für a = 5; b = – 2 und c = – 7 einsetzt?
   Falls Sie ein anderes Ergebnis haben, ändern Sie den ursprünglichen Term so ab, dass 60 das Ergebnis ist.

3. Ordnen Sie durch einen Pfeil dem Text den richtigen Term zu.

Produkt mit drei Faktoren	$a \cdot b + c$
	$a \cdot (b - c) \cdot d$
	$b + a \cdot c + d$

4. Vereinfachen Sie die folgenden Brüche: $\frac{\frac{1}{a}}{7}$; $\frac{\frac{1}{a}}{\frac{1}{a}}$; $\frac{\frac{1}{a}}{a}$; $\frac{\frac{1}{a}}{\frac{5}{4a}}$; $\frac{\frac{3a}{4}}{\frac{6a}{8}}$.

5. Zeigen Sie anhand eines Beispiels mit Zahlen den Unterschied zwischen $-\frac{x^2}{2}$ und $\left(-\frac{x}{2}\right)^2$.

6. Überprüfen Sie, ob die Rechenausdrücke $x^2 - bx + c$ und $\left(x - \frac{b}{2}\right)^2 - \frac{b^2 - 4c}{4}$ gleich sind.

7. Überprüfen Sie, ob die folgenden Termumformungen korrekt sind.
   $-3(4x + y^2)^2 = -3(16x^2 + y^4) = -48x^2 + 3y^4$. Begründen Sie.

8. Welche Ziffern müssen eingesetzt werden, damit die Gleichung stimmt?

   a) $\sqrt{\square 1} = 9$ b) $\sqrt{\square\square} \cdot \sqrt{121} = 55$

9. Füllen Sie die Leerfelder aus.

   a) $x^2 + \square x + 9 = (x + \square)^2$ b) $x^2 - x - \square = (x - \square)(x + 4)$

   c) $x^2 - 8x + \square = (x - \square)^2$ d) $x^2 - \square x + 6 = (x - \square)(x - 3)$

   e) $x^2 + \square x + 2{,}25 = (x + \square)^2$ f) $x^2 - \square = (x - \square)(x + 4)$

10. Vereinfachen Sie.

a) $2(\frac{7}{4} - \frac{5}{2}x)$ b) $\frac{3x - 12y + 9}{3}$ c) $\frac{2,5x - 1,25}{5} - 0,5x$

d) $3 - \frac{2}{3}(x - 3) - \frac{x - 4}{4}$ e) $7 \cdot \frac{x}{4} + \frac{x}{-2} - \frac{3}{2}x$ f) $\frac{x - 3}{4} - \frac{2x - 3}{8}$

g) $12x - 4 - \frac{8x - 6}{4}$ h) $\frac{x}{6} - \frac{x - 3}{2}$ i) $5x(2 - x) - \frac{4}{3}(2 - x)$

j) $(x - 1)^2 - 3(x - 2)^2$ k) $1 - 5(x - 2)(x + 4)$ l) $(x - 2)^3$

11. Vereinfachen Sie ($a > 0$).

a) $2a \cdot a^3 - 3a^2(\frac{a^2}{2} - a)$ b) $(\sqrt{5})^3 + 4\sqrt{125}$ c) $\frac{5a}{a^3} - \frac{4}{3a^2}$

d) $1,5\sqrt{3} - \frac{\sqrt{3}}{5} - \frac{5}{4}\sqrt{3}$ e) $\frac{a}{6}(a^3 + 3a - 1)$ f) $\sqrt{a^4} + \sqrt{a^2} + \sqrt{a}$

12. Überprüfen Sie, ob die beiden Bruchterme $\frac{1}{\frac{p}{q}}$ und $\frac{\frac{1}{p}}{q}$ den gleichen Wert haben.

13. Gegeben ist die folgende Formel: $c = \frac{2}{3} \cdot \frac{a - b}{d}$

a) Welcher Wert ergibt sich für b, wenn c den Wert 150, a den Wert 20 und d den Wert 10 hat?

b) Lösen Sie die obige Formel nach a, b bzw. d auf.

14. Vereinfachen Sie den Term so weit wie möglich:

$x^2 - 3x \cdot (8 - x) + (x + 17 - y) \cdot 2x - \left[12x - \frac{1}{2}x \cdot (4x + 4y + 4) + 8x^2\right]$

15. Setzen Sie =, < oder > ein.

a) $\frac{3}{4} \square \frac{4}{5}$ b) $\frac{6}{5} \square \frac{19}{20}$ c) $\frac{5}{7} \square \frac{61}{84}$ d) $\frac{3}{8} \cdot \frac{4}{5} - \frac{1}{5} \square \frac{1}{10}$

16. Berechnen Sie den Wert der folgenden Terme für $a = 2$, $b = -6$ und $c = -\frac{2}{3}$.

a) $a(b - c)$ b) $\frac{a - b}{c}$ c) $\frac{1}{a} + \frac{1}{b} - \frac{1}{c}$ d) $(a - c)^2$

e) $(a - b \cdot c)^2$ f) $\sqrt{abc}$ g) $(c - b)^a$ h) $\frac{3a + 2b}{c}$

i) $b^2 - 4ac$ j) $2a - \frac{b}{2c}$ k) $(a + 3b):c$ l) $a^3 + b^2 - c^2$

17. Ordnen Sie die nachfolgenden Brüche. Beginnen Sie mit der kleinsten Zahl.

1,3; $-2,1$; $-\frac{16}{9}$; $-\frac{9}{8}$; $\frac{3}{4}$; 0,76; $\frac{28}{20}$; 1,45; $\frac{29}{15}$; -1

18. Lösen Sie die Formeln nach den gegebenen Variablen auf.

a) $A = \frac{a + c}{2} \cdot h$ b) $V = \frac{1}{3}Gh$ c) $O = 2\pi r^2 + 2\pi rh$

3 Gleichungen

3.1 Lineare Gleichungen und Ungleichungen

Bestimmen Sie die Lösungsmenge der Gleichung $\frac{3}{2}x - \frac{1}{2}(x-1) = 4x + 3$; $x \in \mathbf{R}$.

Lösung

Beide Seiten mit 2 multiplizieren:	$\frac{3}{2}x - \frac{1}{2}(x-1) = 4x + 3$	$\mid \cdot 2$
Klammer ausmultiplizieren:	$3x - (x-1) = 8x + 6$	
	$3x - x + 1 = 8x + 6$	
Auf beiden Seiten (8x) subtrahieren:	$2x + 1 = 8x + 6$	$\mid -8x$
Auf beiden Seiten 1 subtrahieren:	$-6x + 1 = 6$	$\mid -1$
Beide Seiten durch (– 6) teilen:	$-6x = 5$	$\mid :(-6)$
Lösung:	$x = -\frac{5}{6}$	
Lösungsmenge:	$L = \{-\frac{5}{6}\}$	

Bemerkung: Umformungen, die die Lösungsmenge nicht verändern, nennt man **Äquivalenzumformungen.**

Beachten Sie: Eine **lineare Gleichung** in x kann auf die Form

$ax = b$; $a \neq 0$, gebracht werden.

Die **Lösungsvariable x** tritt nur in der **1. Potenz** auf.

Bestimmen Sie die Lösungsmenge der Ungleichung $1 - \frac{3}{2}x \leq 2$; $x \in \mathbf{R}$.

Lösung

Auf beiden Seiten 1 subtrahieren:	$1 - \frac{3}{2}x \leq 2$	$\mid -1$
Beide Seiten mit 2 multiplizieren:	$-\frac{3}{2}x \leq 1$	$\mid \cdot 2$
Beide Seiten durch (– 3) teilen:	$-3x \leq 2$	$\mid :(-3)$
	$x \geq -\frac{2}{3}$	

Lösungsmenge: $L = \{x \in \mathbf{R} \mid x \geq -\frac{2}{3}\}$

Beachten Sie: Beim Multiplizieren (und Dividieren) mit einer **negativen Zahl,** dreht sich das **Ungleichheitszeichen** um.

Beispiel: $-4 < -1$, aber $4 > 1$

Aufgaben

1. Bestimmen Sie die Lösung (x, a, u $\in$ **R**).

a) $10x - 2(5x + 7) = -2(2 - x)$

b) $4x - (18 + 9x) = 10$

c) $4(x - 4) - 8(x - 4) = 0$

d) $3(x - 14) = 10x + 2(x - 3)$

e) $-\frac{4}{5}x - \frac{3}{2} = -\frac{1}{2}x - 1$

f) $\frac{1}{4}x + \frac{3}{4} = -\frac{5}{4}x + 4$

g) $(x - 3)(x - 3) = (x - 1)(x - 8) + 6$

h) $-\frac{1}{2}(x + 5) = 4x - 3$

i) $\frac{x}{16} - \frac{5}{2} = \frac{2x + 5}{8} - 4$

j) $\frac{2x}{3} - 4 = -\frac{5x}{6} - 1$

k) $6 - \frac{x - 5}{4} = 2 + \frac{x + 1}{2}$

l) $\frac{1}{2}(x - 1)^2 - 3x - \frac{x^2}{2} = -4$

m) $16x - 9 - 2(13 - 9x) = 15x - (7 - 4x)$

n) $\frac{1}{x} + 2 = \frac{3}{x}$

o) $2x - 3 - \frac{7}{4}(5x - 3) = -\frac{1}{2}(2x + 5)$

p) $(x + 2)^2 - (x - 3)^2 = -x^2 + (x + 2)^2$

q) $\frac{1}{2}a - \frac{3}{2} = 4a + 1$

r) $-\frac{1}{2}(u + 5) - 3 = 5$

s) $4 - \frac{a - 5}{4} = \frac{a + 1}{2} - \frac{a - 3}{3}$

t) $\frac{1}{7}(u - 1)^2 - \frac{5}{7}u = \frac{u^2}{7}$

2. Bestimmen Sie die Lösungsmenge (x $\in$ **R**).

a) $4x - 2 > 2x + 1$

b) $\frac{x}{2} - 8 \leq 10$

c) $1 - \frac{2}{3}x < 5$

d) $\frac{1}{12}(x - 5) > 0$

e) $3(1 - 2x) - 2 > 2(x - 3) - (3x + 5)$

f) $\frac{1}{3}x - 5 \leq \frac{1}{4}x + 3$

3. Bestimmen Sie die Lösung in Abhängigkeit von t.

a) $3x + 5t = 2x - 2t$

b) $t - 2x = \frac{3}{4}x - \frac{t}{3}$

c) $\frac{5}{2}(x + 4t) = 0$

d) $tx - 4 = 2;\ t \neq 0$

e) $tx + 5t = 2x;\ t \neq 2$

f) $t(x - 3) = 2tx + 1;\ t \neq 0$

g) $\frac{t}{6}(x - 3t) = 0;\ t \neq 0$

h) $t^2x - 3t = -2t;\ t \neq 0$

4. Lösen Sie nach x auf.

a) $2x + 4ax + 5a = x - a$

b) $ax - 2bx = 8b - 4a$

c) $5ax + 3b = ax + 7 - 4b$

d) $2{,}5ax + 5x - 1{,}2bx = 14x - 8$

3.2 Lineare Gleichungssysteme

Lösen Sie das Gleichungssystem $3x - 2y = 4$

$x - 5y = -3; \quad x, y \in \mathbf{R}.$

Lösung

Durch **Additionsverfahren:**

$$3x - 2y = 4 \quad (1)$$
$$x - 5y = -3 \quad | \cdot (-3) \quad (2)$$

$$3x - 2y = 4 \quad (1)$$
$$-3x + 15y = 9 \quad (2^*)$$

Addition von (1) und (2*): $13y = 13$

Auflösen nach y: $y = 1$

Einsetzen in Gleichung (1): $3x - 2 \cdot 1 = 4 \Rightarrow x = 2$

Lösung des linearen Gleichungssystems: (2; 1) d. h., $x = 2$ und $y = 1$

Durch **Einsetzungsverfahren:**

$$3x - 2y = 4 \quad (1)$$
$$x - 5y = -3 \quad (2)$$

Auflösen von (2) nach x: $x = -3 + 5y$

Einsetzen in Gleichung (1): $3(-3 + 5y) - 2y = 4$

Auflösen nach y: $-9 + 15y - 2y = 4 \Rightarrow y = 1$

Einsetzen in Gleichung (1): $x = 2$

Durch **Gleichsetzungsverfahren:**

$$3x - 2y = 4 \quad (1)$$
$$x - 5y = -3 \quad (2)$$

Auflösen von (1) und (2) nach x:

$$x = \frac{2}{3}y + \frac{4}{3} \quad (1^*)$$
$$x = -3 + 5y \quad (2^*)$$

Gleichsetzen: $\frac{2}{3}y + \frac{4}{3} = -3 + 5y \Rightarrow y = 1$

Einsetzen in Gleichung (1): $3x - 2 = 4 \Rightarrow x = 2$

Aufgaben

Bestimmen Sie die Lösung.

a) $10x - 6y = -2$, $x - 4y = -2$

b) $3x + y = 0$, $-3x + 4y = 6$

c) $2a + 10b = 5$, $a + 3b = -2$

d) $-a + 4b = 0$, $2{,}5a + 5b = 10$

e) $x = -3$, $2x - 5y = 4$

f) $\frac{x}{2} + \frac{y}{3} = 1$, $\frac{1}{4}x - y = -1$

3.3 Bruchgleichungen

Bestimmen Sie die Lösung der Gleichung $\frac{1}{x-2} - 3 = 0$; G = **R.**

Lösung

Nicht alle Zahlen aus der Grundmenge G = **R** dürfen eingesetzt werden.

x = 2 ist nicht erlaubt; $\frac{1}{0}$ ist nicht definiert.

Definitionsmenge ist die Menge aller $x \in \mathbf{R}$ und $x \neq 2$: $x \in \mathbf{R}\backslash\{2\}$

Auflösen nach x: $\frac{1}{x-2} - 3 = 0 \iff \frac{1}{x-2} = 3 \mid \cdot\ (x-2)$

$1 = 3(x-2) \iff 1 = 3x - 6$

Lösung: $x = \frac{7}{3}$

Aufgaben

1. Bestimmen Sie den Definitionsbereich der folgenden Terme.

   a) $\frac{2}{x-7}$ b) $\frac{1}{x} + \frac{1}{x+1}$ c) $\frac{x}{2x+1}$

   d) $\sqrt{x-2}$ e) $\frac{1}{x} - \sqrt{x}$ f) $\frac{2}{\sqrt{x}}$

2. Bestimmen Sie die Lösung.

   a) $\frac{1}{2x} - 2 = 0$ b) $\frac{1}{x} = \frac{19}{36}$ c) $\frac{2}{x+1} = \frac{2}{9}$

   d) $\frac{0{,}2}{x} = \frac{1}{5}$ e) $\frac{3}{x} - \frac{2}{3x} = 0$ f) $\frac{1}{a} - \frac{1}{2a} = 1$

3. Ermitteln Sie die Lösung im angegebenen Zahlenbereich.

Gleichung	**N**	**Z**	**Q**	$\mathbf{R}_+$
$x - 3 = 6$				
$2x + 10 = 4$				
$0{,}2x - 1 = 0{,}3$				
$x^2 = 2$				
$8x = 0$				
$\frac{2}{x} + \frac{1}{x} = -3$				
$x + 3 > 0$				

4. Lösen Sie die Ungleichung $\frac{4}{x} < 1$. Beachten Sie die zwei möglichen Fälle.

5. Lösen Sie nach x auf.

   a) $\frac{7}{x} + 3a = 4$ b) $\frac{a}{x+1} = 7 + a$ c) $\frac{1}{ax} - a = 0$

3.4 Quadratische Gleichungen

3.4.1 Lösung mit Formel

Beachten Sie: Eine **quadratische Gleichung** in x kann auf die Form

$\mathbf{ax^2 + bx + c = 0;\ a \neq 0}$, gebracht werden.

Die **Lösungsvariable x** tritt in der **2. Potenz** auf.

Beispiele

1) Lösen Sie die Gleichung.

a) $6x^2 - 3x - 2 = 0$ b) $-0{,}5x^2 + 5x - 12{,}5 = 0$ c) $3x^2 - 2x = -5$

Lösungsformel für $\mathbf{ax^2 + bx + c = 0\ (a \neq 0)}$: $x_{1|2} = \frac{-b \pm \sqrt{b^2 - 4ac}}{2a}$

$\mathbf{D = b^2 - 4ac}$ **heißt Diskriminante.**

Lösung

a) Mit a = 6, b = – 3 und c = – 2: $x_{1|2} = \frac{3 \pm \sqrt{(-3)^2 - 4 \cdot 6 \cdot (-2)}}{2 \cdot 6} = \frac{3 \pm \sqrt{57}}{12}$

Diskriminante D = 57

Wegen D > 0 gibt es **zwei Lösungen** $x_{1|2} = \frac{3 \pm \sqrt{57}}{12}$.

b) Mit (– 2) multiplizieren: $-0{,}5x^2 + 5x - 12{,}5 = 0$

Nullform: $x^2 - 10x + 25 = 0$

Mit a = 1, b = – 10 und c = 25: $x_{1|2} = \frac{10 \pm \sqrt{100 - 4 \cdot 1 \cdot 25}}{2 \cdot 1} = \frac{10 \pm \sqrt{0}}{2} = 5$

Diskriminante D = 0

Wegen D = 0 gibt es **eine (doppelte) Lösung** $x_{1|2} = 5$.

c) Quadratische Gleichung in Nullform: $3x^2 - 2x + 5 = 0$

Mit a = 3, b = – 2 und c = 5: $x_{1|2} = \frac{2 \pm \sqrt{(-2)^2 - 4 \cdot 3 \cdot 5}}{2 \cdot 3} = \frac{2 \pm \sqrt{-56}}{6}$

Diskriminante D = – 56

Wegen D < 0 hat die Gleichung **keine Lösung.**

Die Wurzel aus einer negativen Zahl kann in **R nicht** gezogen werden.

2) Lösen Sie die Gleichung.

a) $x^2 - 3x - 2 = 0$ b) $-0{,}5x^2 + 5x - 12{,}5 = 0$

Lösungsformel für $x^2 + px + q = 0$: $x_{1|2} = -\frac{p}{2} \pm \sqrt{\frac{p^2}{4} - q}$ mit $D = \frac{p^2}{4} - q$

Lösung

a) Mit $p = -3$ und $q = -2$: $x_{1|2} = \frac{3}{2} \pm \sqrt{\frac{(-3)^2}{4} - (-2)} = \frac{3}{2} \pm \sqrt{\frac{17}{4}}$

Diskriminante $D = \frac{17}{4}$

Wegen $D > 0$ gibt es **zwei Lösungen** $x_{1|2} = \frac{3}{2} \pm \sqrt{\frac{17}{4}}$.

b) Mit (-2) multiplizieren: $-0{,}5x^2 + 5x - 12{,}5 = 0$

Geeignete Nullform: $x^2 - 10x + 25 = 0$

Mit $p = -10$ und $q = 25$: $x_{1|2} = 5 \pm \sqrt{\frac{100}{4} - 25} = 5 \pm \sqrt{0} = 5$

Diskriminante $D = 0$

Wegen $D = 0$ gibt es **eine (doppelte) Lösung** $x_{1|2} = 5$.

Die Anzahl der Lösungen hängt von der Diskriminante (D) ab.

$$\mathbf{D = b^2 - 4ac} \qquad \mathbf{D = \frac{p^2}{4} - q}$$

$D > 0$	$D = 0$	$D < 0$
zwei Lösungen	**eine (doppelte) Lösung**	**keine Lösung**

Aufgaben

1. Lösen Sie die quadratische Gleichung mit der abc-Formel.

a) $4x^2 + 8x - 48 = 0$ b) $\frac{1}{4}x^2 + \frac{3}{2}x = \frac{5}{2}$ c) $3 + \frac{1}{3}x^2 = 2x$

d) $x^2 + x + 7 = -3x + 2$ e) $-2x^2 - 3x = 2{,}5$ f) $(x - 3)^2 - 9 = 0$

g) $3x^2 + 5x - 8 = 0$ h) $\frac{1}{2}(x^2 - 4x - 5) = 0$ i) $-x^2 - \frac{3}{2}x = \frac{5}{4}$

j) $0 = 1{,}5x(x + 2) - 3$ k) $(2x + 5)^2 = 4$ l) $x(2x + 1) - 5 = 0$

m) $x^2 - 4x + 2 = 5$ n) $\frac{1}{2}(x^2 - 2) = 0$ o) $-6x^2 + 2x - 2 = 0$

2. Lösen Sie die quadratische Gleichung mit der pq-Formel.

a) $x^2 + 2x - 24 = 0$ b) $\frac{1}{2}x^2 + 4x = 4$ c) $1 - x + \frac{1}{3}x^2 = 0$

d) $x^2 - x = 2$ e) $x(x - 5) + 1 = 0$ f) $(x + 3)^2 - 2 = 0$

3.4.2 Lösung ohne Formel

1) $ax^2 + c = 0$

Lösen Sie die Gleichung $0{,}5x^2 - 5 = 0$.

Lösung

Quadratische Gleichung:	$0{,}5x^2 - 5 = 0 \quad \Longleftrightarrow \quad x^2 = 10$
Wurzelziehen ergibt:	$x_1 = \sqrt{10};\ x_2 = -\sqrt{10}$

Die Gleichung hat die zwei Lösungen $x_{1|2} = \pm\sqrt{10}$.

2) $ax^2 + bx = 0$

Lösen Sie durch Ausklammern: $x^2 + 3x = 0$

Lösung

Gleichung:	$x^2 + 3x = 0$
x ausklammern:	$x(x + 3) = 0$
Satz vom Nullprodukt anwenden:	$x = 0$ oder $x + 3 = 0$
Die Gleichung hat zwei Lösungen:	$x_1 = 0;\ x_2 = -3$

Satz vom Nullprodukt: Ein **Produkt ist null,** wenn **mindestens ein Faktor null** ist:

$$u \cdot v = 0 \Longleftrightarrow u = 0 \vee v = 0 \quad („\vee“ \text{ bedeutet „oder“})$$

3) $a(x - u)(x - v) = 0$

Lösen Sie die Gleichung: a) $4(2x - 6)(5 - x) = 0$ b) $x^2 + 6x + 9 = 0$.

Lösung

a) **Bemerkung: $4 \neq 0$ ist ein konstanter Faktor.**

Nullprodukt:	$(2x - 6)(5 - x) = 0.$
Satz vom Nullprodukt anwenden:	$2x - 6 = 0 \vee 5 - x = 0$
Die Gleichung hat zwei Lösungen:	$x_1 = 3;\ x_2 = 5$

b) Der Term kann mit Hilfe einer binomischen Formel faktorisiert werden.

Quadratische Gleichung:	$x^2 + 6x + 9 = 0$
Binom:	$(x + 3)^2 = 0$
Faktorform:	$(x + 3)(x + 3) = 0$

Die Gleichung hat eine (doppelte) Lösung $x_{1|2} = -3$.

Lösen Sie die Gleichung a) $x^2 + 6x + 8 = 0$ b) $x^2 + 4x - 5 = 0$

Lösung

Für die Lösungen von $x^2 + px + q = 0$ gilt: $x_1 + x_2 = -p$ und $x_1 \cdot x_2 = q$

Damit kann der Term $x^2 + px + q$ faktorisiert werden: $x^2 + px + q = (x - x_1)(x - x_2) = 0$

a) Aus $x_1 + x_2 = -6$ und $x_1 \cdot x_2 = 8$ ergibt sich $x_1 = -4$ und $x_2 = -2$

Gleichung in Faktorform: $(x + 4)(x + 2) = 0$

b) Aus $x_1 + x_2 = -4$ und $x_1 \cdot x_2 = -5$ ergibt sich $x_1 = -5$ und $x_2 = 1$

Gleichung in Faktorform: $(x + 5)(x - 1) = 0$

Aufgaben

1. Lösen Sie die folgenden quadratischen Gleichungen.

a) $x^2 + 3x = 0$ b) $4x^2 - x = 0$ c) $\frac{3}{4}x = \frac{1}{2}x^2$

d) $\frac{1}{5}x + \frac{1}{2}x^2 = 0$ e) $\frac{14}{15}(x^2 - 7x) = 0$ f) $\frac{x^2}{7} + \frac{x}{7} = 0$

g) $-\frac{1}{8}x^2 + tx = 0$ h) $x^2 - tx = 0$ i) $tx - \frac{x^2}{t} = 0; t \neq 0$

j) $3x(x - 4) = 0$ k) $(5x + 2)x = 0$ l) $ax - 2x^2 = 0$

m) $-\frac{1}{8}(x^2 - 8x) = 0$ n) $4x^2 = (t - 1)x$ o) $\frac{x - 5x^2}{12} = 0$

p) $5 - (x^2 + 4x + 5) = 0$ q) $(2x + 1)x = 3$ r) $5(\frac{5}{4}x - \frac{1}{2}x^2) = 0$

s) $0{,}5k^2 - 2k = -3$ t) $\frac{u^2 + u}{2} = 4$ u) $x^2 + 9x + 20 = 0$

2. Lösen Sie möglichst ohne Formel.

a) $(x + 4)(x - 5) = 0$ b) $(2x + 7)(4x - 1) = 0$ c) $(x + t)(x - 2t) = 0$

d) $x^2 + 8x + 16 = 0$ e) $x^2 = 14x - 49$ f) $3a(2x - x^2) = 0; a \neq 0$

g) $x(x - 12) = -36$ h) $3(1 - x)^2 - 3 = 9$ i) $k^2 + k - 12 = 0$

j) $n^2 - 16n + 60 = 0$ k) $(x - 1)^2 - 2x = 0$ l) $1 = a + a^2$

3. Lösen Sie die quadratische Gleichung nach x auf.

a) $2 - x^2 = 0$ b) $\frac{4}{5}(x^2 - 5) = 0$ c) $\frac{5}{4} - \frac{1}{2}x^2 = x^2$

d) $3x^2 + 6 = 15$ e) $\frac{1}{2}x^2 = 9$ f) $\frac{4}{5}x^2 = 2x^2$

g) $6x^2 = 0$ h) $3x^2 + 4 = -x^2 + 1$ i) $7(x - 1)^2 = -14x$

j) $x^2 - 2t^2 = 0$ k) $x^2 = \frac{a^2}{2}$ l) $ax = x(x + a)$

4. Für welche Werte von a ($a \in \mathbf{R}$) hat die Gleichung $ax^2 + 1 = 0$ keine Lösung?

Was man wissen sollte... zum Lösen quadratischer Gleichungen

Die quadratische Gleichung wird in Nullform umgeformt (wenn nötig).

Lösung mit Formel:

$ax^2 + bx + c = 0;\ a \neq 0$ — **Lösung mit der abc-Formel**

$$x_{1|2} = \frac{-b \pm \sqrt{b^2 - 4ac}}{2a} \quad \text{mit } D = b^2 - 4ac$$

$x^2 + px + q = 0$ — **Lösung mit der pq-Formel**

$$x_{1|2} = -\frac{p}{2} \pm \sqrt{\frac{p^2}{4} - q} \quad \text{mit } D = \frac{p^2}{4} - q$$

Die **Anzahl der Lösungen** hängt von der **Diskriminante D** ab.

$D > 0$	$D = 0$	$D < 0$
zwei Lösungen	**eine Lösung**	**keine Lösung**

Lösung ohne Formel:

$ax^2 + c = 0;\ a \neq 0$ — **Umformung** zu $x^2 = -\frac{c}{a}$

Lösung durch **Wurzelziehen.**

$ax^2 + bx = 0;\ a \neq 0$ — Lösung durch **Ausklammern**

$x(ax + b) = 0$

Satz vom Nullprodukt anwenden.

Zerlegung in Linearfaktoren (Faktorisieren) — $x^2 + px + q = (x - x_1)(x - x_2) = 0$

mithilfe der **Binomischen Formeln:**

$x^2 + 2ax + a^2 = (x + a)^2$

$x^2 - 2ax + a^2 = (x - a)^2$

$(x - a)(x + a) = x^2 - a^2$

oder

mithilfe des **Satzes von Vieta:** $x_1 + x_2 = -p$ und $x_1 \cdot x_2 = q$

Aufgaben

1. Bestimmen Sie die Werte der Koeffizienten in der Gleichung $ax^2 + bx + c = 0$.

Gleichung	a	b	c
$3x^2 + 4x - 12 = 0$			
$x^2 + 2x - 6 = 0$			
$-\frac{1}{6}x^2 + x = 0$			
$\frac{1}{2}(x^2 + 2x - 7) = 0$			
$-x^2 + 2 = 0$			
$x^2 + 2x - 2 = x - 4$			
$-2x^2 = x - 1$			

2. Lösen Sie die quadratische Gleichung nach x auf.

   a) $(x - 5)^2 = 36$ b) $(3x + 4)^2 = 4$ c) $25 - (2x + 5)^2 = 0$
   d) $\frac{3}{4}(x - 2)^2 = 3$ e) $\frac{1}{12}x^2 = 2x$ f) $4x(2t + x) = 0$
   g) $2t^2x = x^2$ h) $1{,}5(x - 0{,}5a)^2 = 0$ i) $(x - 1)^2 - t = 0;\ t > 0$

3. Lösen Sie möglichst ohne Formel.

   a) $\frac{8}{7}(8x - 5x^2) = 0$ b) $-\frac{x^2}{3} + 3x = 0$ c) $-\frac{1}{2}x^2 = \frac{3}{7}x$
   d) $\frac{1}{8}x^2 = 2ax$ e) $ax^2 - x = 0;\ a \neq 0$ f) $\frac{x - 3x^2}{4} = 0$
   g) $(2x - 3)^2 - 9 = 0$ h) $(x - a)^2 = 1$ i) $a(x + 1)^2 = a;\ a \neq 0$

4. Für welche Werte a hat die Gleichung $(2x + 2)(x + a) = 0$ genau eine Lösung?

5. Bestimmen Sie die Lösungsmenge.

   a) $-2x(x - 5) = 0$ b) $-\frac{1}{2}(2x - 1)(x + 7) = 0$ c) $(1 - x)^2 - 3 = 0$

6. Für welche Wahl des Parameters a hat die Gleichung genau eine Lösung?

   a) $x^2 + 2x - a = 0$ b) $ax^2 + ax - a = 0;\ a \neq 0$ c) $(x + 2)^2 = (a - x)^2$

7. Gegeben ist die Gleichung $x^2 = 2x$. Peter dividiert beide Seiten durch x und erhält $x = 2$ als Lösung. Nehmen Sie Stellung.

8. Bestimmen Sie eine quadratische Gleichung

   a) mit den Lösungen $x_1 = 1$ und $x_2 = -1$. b) mit den Lösungen $x_1 = 0$ und $x_2 = 5$.
   c) mit der Lösung $x_{1|2} = -3$. d) die keine Lösung hat.

9. Wie lautet die Lösungsmenge der Gleichung $\frac{1}{4}x^2 - \frac{1}{8}x - \frac{1}{8} = 0$ unter der Bedingung, dass x Element der natürlichen Zahlen ist?

   a) $L = \{1; 2\}$ b) $L = \{1\}$ c) $L = \{1; -\frac{1}{2}\}$ d) $L = \emptyset$

4 Funktionen

4.1 Das rechtwinklige Koordinatensystem

Durch das **rechtwinklige Koordinatensystem** lassen sich Punkte in der Ebene eindeutig festlegen.
Zur Festlegung eines Punktes in der Ebene gibt man die **x-Koordinate (Abszisse)** und die **y-Koordinate (Ordinate)** an.

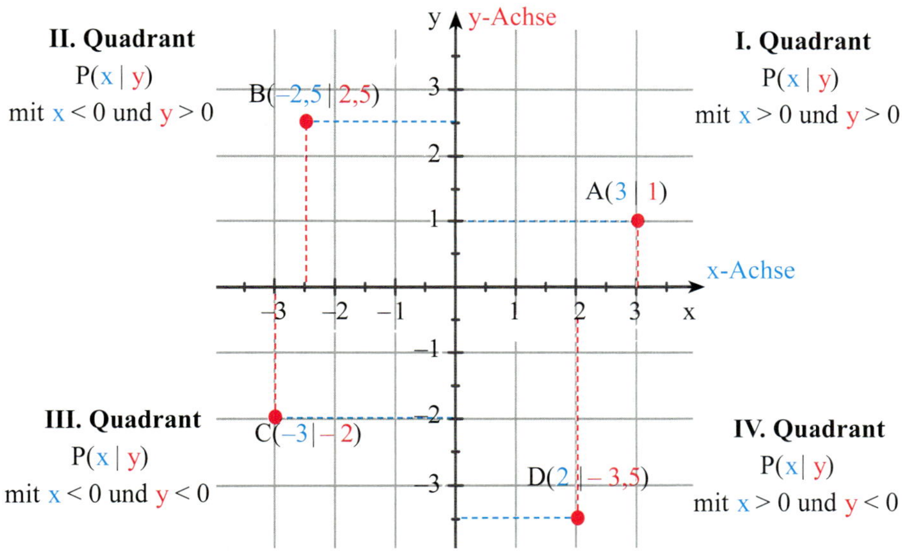

Der Punkt A (3 | 1) hat die x-Koordinate 3 und die y-Koordinate 1.

Das Koordinatensystem (Achsenkreuz) unterteilt die Ebene in 4 Felder (Quadranten).

Bemerkung: Ein Punkt P (x | y) liegt **oberhalb** der x-Achse, wenn **$y > 0$.**
Ein Punkt P (x | y) liegt **unterhalb** der x-Achse, wenn **$y < 0$.**

Aufgaben

1. Kennzeichnen Sie in einem geeigneten Koordinatensystem alle Punkte P(x | y) mit $x, y \in \mathbb{R}$, für die gilt:

   a) $x = 1$
   b) $y = -2$
   c) $x = y$
   d) $x \geq 1 \wedge y \geq 0$
   e) P hat vom Ursprung O(0 | 0) den Abstand 1.

2. a) Wie weit sind die Punkte A und B bzw. E und F voneinander entfernt?
   b) Bestimmen Sie die Länge der Strecke CD.
   c) Geben Sie drei Punkte an, die oberhalb von F im 4. Quadranten liegen.
   d) Bestimmen Sie die Koordinaten eines Punktes, der von D
      – den Abstand 2 hat.
      – den Abstand 5 hat und im 1. bzw. 2. Quadranten liegt.

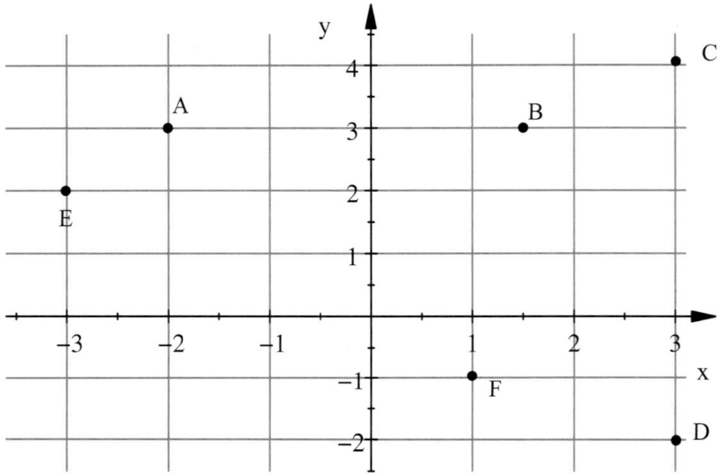

3. Der Punkt A hat die Koordinaten (1 | 2). Die Punkte A, B(5 | 2), C(4 | 6) und D(2 | 5) sind die Eckpunkte eines Vierecks. Zeichnen Sie das Viereck in das Koordinatensystem ein und berechnen Sie den zugehörigen Flächeninhalt.

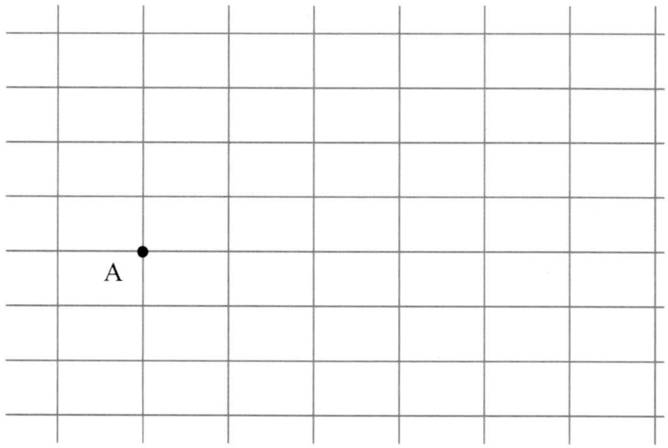

4.2 Definition einer Funktion

Funktionen dienen zur Beschreibung von Zusammenhängen, bei denen eine Größe in **eindeutiger** Weise eine andere Größe festlegt.

Definition einer Funktion:
Eine Funktion f ist eine **eindeutige Zuordnung,** die **jeder reellen Zahl** aus einer Definitionsmenge D **genau eine** reelle Zahl zuordnet.

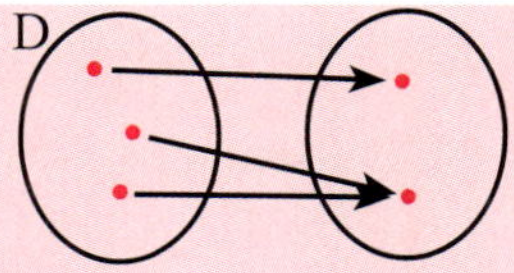

Bezeichnungen

x	Element von D ($x \in D$), Stelle, Argument oder Abszisse **unabhängige Variable**
f(x)	**Funktionswert** von x (Funktionswert an der Stelle x)
D	**Definitionsmenge,** Menge aller x-Werte, auf die f angewandt werden soll.
W	**Wertemenge,** Menge aller y-Werte mit $y = f(x)$ $y = f(x)$ hängt von x ab, y heißt **abhängige Variable.**
K, K_f	**Schaubild von f** Auf K liegen alle Punkte P(x | y), deren Koordinaten $y = f(x)$ erfüllen.

Darstellungsmöglichkeiten einer Funktion f

Funktion f mit $f(x) = x^2 - 1$; $x \in \mathbf{R}$

Zugehöriger Funktionsterm: $f(x) = x^2 - 1$

Zugehörige Wertetabelle

x	– 2	– 1	0	0,5	1	2	3
y	3	0	– 1	– 0,75	0	3	8

Funktionsgraf K_f

(Schaubild der Funktion f)

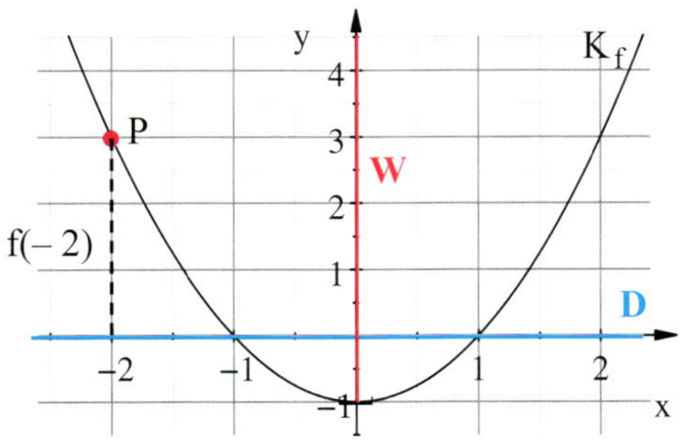

Unterscheiden Sie: Die **Funktion f** mit $f(x) = x^2 - 1$; $x \in \mathbf{R}$, beschreibt die Zuordnung.
Das Schaubild K_f von f hat die Gleichung $y = x^2 - 1$.

3 Ott, Deusch ISBN 978-3-8120-0033-8

Bemerkung:

Bedeutungen von $f(-2) = 3$

Für den x-Wert -2 erhält man durch Einsetzen in f(x) den y-Wert (Funktionswert) 3.

Der Punkt $P(-2 \mid 3)$ liegt auf dem Schaubild von f.
$P(-2 \mid 3) \in K_f$

Beispiele

Lineare Funktion

Das Schaubild von f mit
$f(x) = 0{,}5x + 1$; $x \in \mathbf{R}$,
ist eine **Gerade.**
Definitionsmenge: D = **R**
Wertemenge: W = **R**

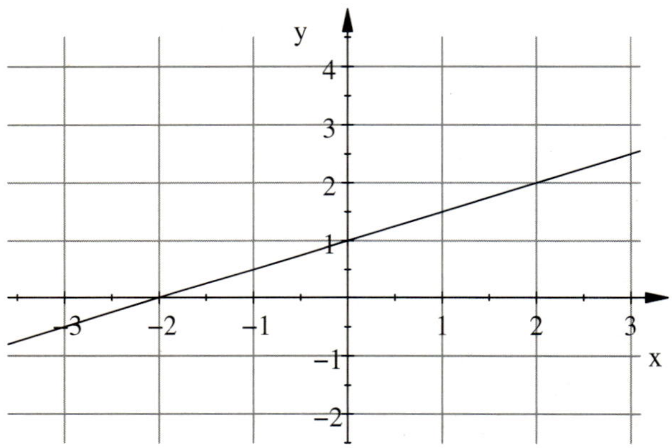

Quadratische Funktion

Das Schaubild von f mit
$f(x) = x^2 + 2x$; $x \in \mathbf{R}$,
ist eine **Parabel.**
Definitionsmenge: D = **R**
Wertemenge: W = [– 1; ∞[
Für den Funktionswert y = f(x) gilt $f(x) \geq -1$.

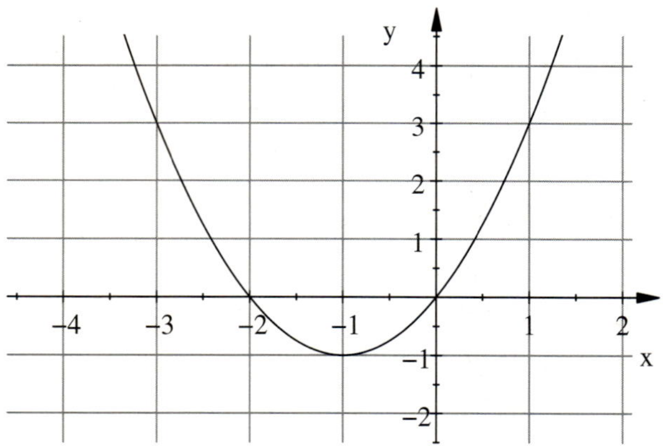

Aufgaben

1. Die nebenstehende Abbildung zeigt das Schaubild K einer Funktion f.

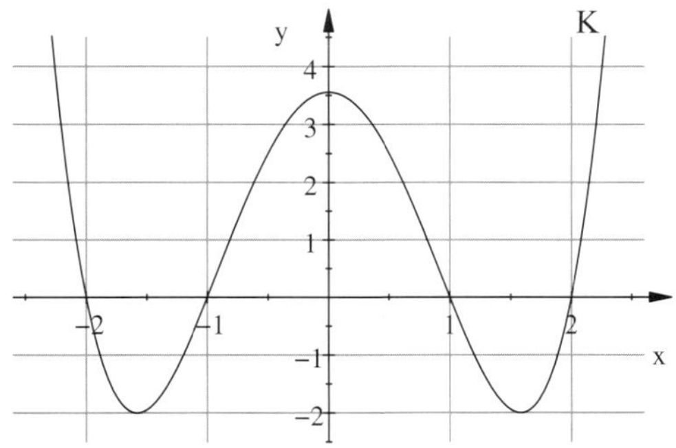

Wo schneidet das Schaubild die Koordinatenachsen? Welche Bedingung ist für diese Punkte erfüllt?

Bestimmen Sie die Kurvenpunkte mit x = 0,5 bzw. f(x) = – 2.

Ist der Punkt P(2,5 | 4) ein Kurvenpunkt?

Bestimmen Sie den Wertebereich mithilfe der Abbildung.

2. Gegeben ist die Funktion f mit $f(x) = -x^2 + 3x + 1$; $x \in \mathbf{R}$.
Bestimmen Sie f(–2) und $f(\frac{3}{4})$.
Bestimmen Sie zwei x-Werte, sodass f(x) = 1 ist.
Liegt der Punkt P(1,5 | 3,2) auf dem Schaubild der Funktion?
Begründen Sie Ihre Antwort.

3. Gehört die Wertetabelle zu einer Funktion? Begründen Sie Ihre Antwort.

a)

x	– 1	0	1	2	3
y	4	0	– 2	4	4

b)

x	– 1	0	3	3	4
y	8	7	2	4	5

4. Die nebenstehende Abbildung zeigt die Schaubilder K von f und G von g.
Kennzeichnen Sie in der Abbildung:
f(– 1); g(3); g(2) – f(2).
Bestimmen Sie den Definitionsbereich und den Wertebereich von f.

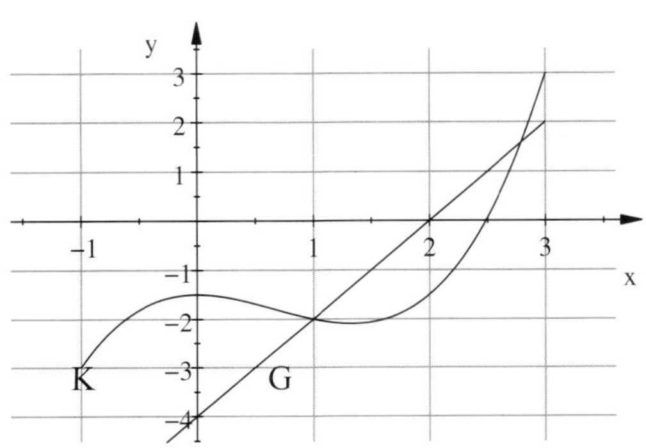

5. Entscheiden Sie, ob die Abbildung das Schaubild einer Funktion zeigt.

Abb.1

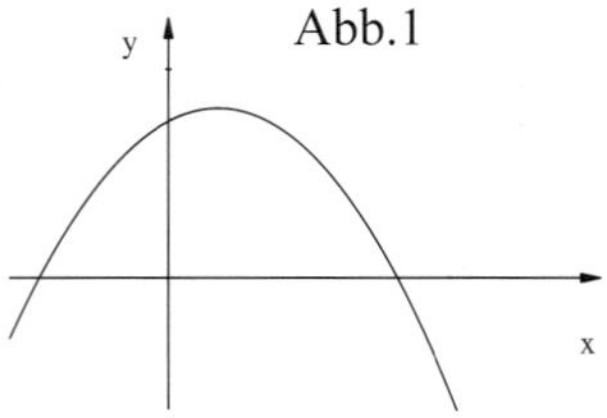

Abb.2

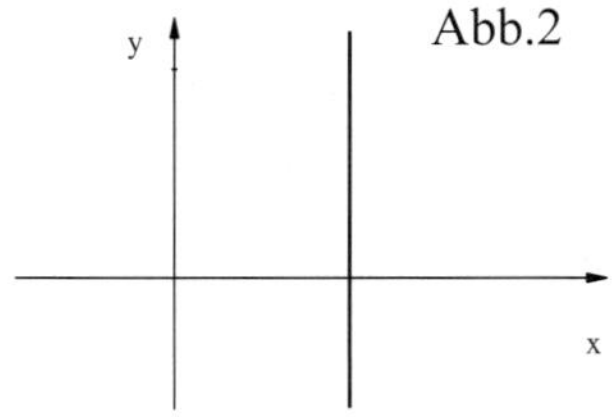

Abb.3

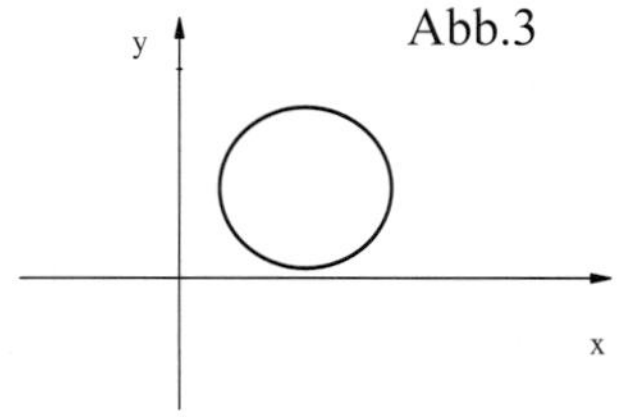

6. Die Funktion wird beschrieben durch den Funktionsterm f(x).

Ergänzen Sie die folgende Tabelle:

x	$f(x) = \frac{1}{4}x$	$f(x) = 3 - 4x$	$f(x) = 0{,}25x^2$	$f(x) = x^2 - 3x$	$f(x) = \frac{2}{x}$
3					
-4					
$-\frac{2}{3}$					
0,6					
a					
a + 1					
$-u$					

7. Gegeben ist die Funktion f mit $f(x) = ax^2 + b$; $a \neq 0$, $x, b \in \mathbf{R}$.
Geben Sie für jedes der abgebildeten Schaubilder, das nicht zu einer Funktion f gehören kann, ein ausschließendes Argument an. Bestimmen Sie gegebenenfalls a und b.

A

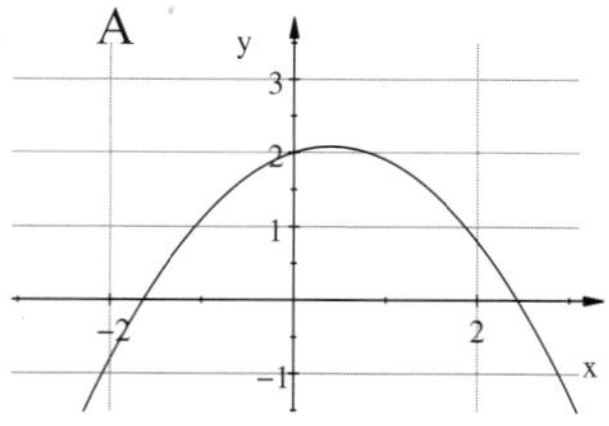

B

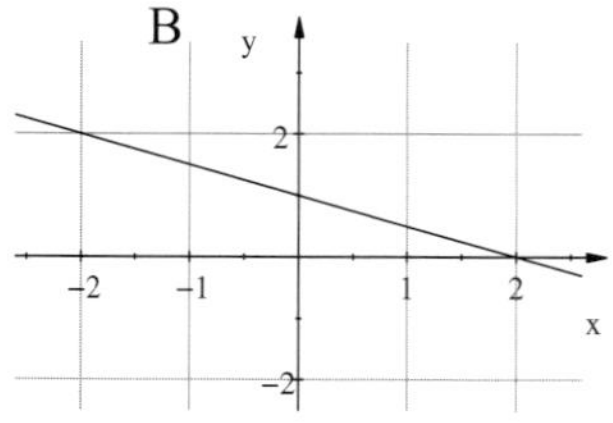

C

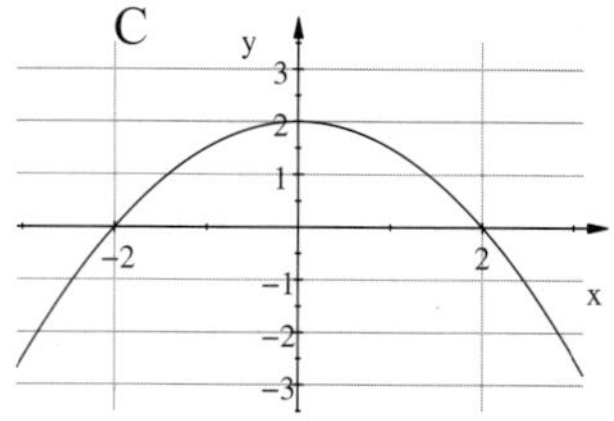

8. Ergänzen Sie folgende Wertetabellen.

a) $f(x) = 3x - 5$

x	-2		$\frac{1}{2}$	
f(x)		-5		1

b) $f(x) = x^2 - 2x + 3$

x	-2		0	
f(x)		3		6

c) $f(x) = \frac{2}{x^2}$

x	0,5		1,5	
f(x)		2		0,5

4.3 Lineare Funktionen

Definition: Eine Funktion der Form f mit **$f(x) = mx + b$**; $x \in \mathbb{R}$,
heißt **lineare Funktion**. Das Schaubild von f ist eine **Gerade.**
$y = mx + b$ ist die Geradengleichung in **Hauptform.**
m ist die **Steigung der Geraden; b** heißt **y-Achsenabschnitt.**

Beispiele

1) Gegeben ist die lineare Funktion f mit $f(x) = -\frac{2}{3}x + 1$; $x \in \mathbb{R}$.
   a) Erläutern Sie die Bedeutung von $-\frac{2}{3}$ und 1 mithilfe einer Zeichnung.
   b) Wo schneidet die Gerade K von f die x-Achse?
   c) Liegt der Punkt $P(-\frac{5}{2} \mid 2{,}6)$ auf der Geraden?
   d) Eine parallele Gerade verläuft durch $(3 \mid 1)$. Bestimmen Sie die Geradengleichung.

Lösung

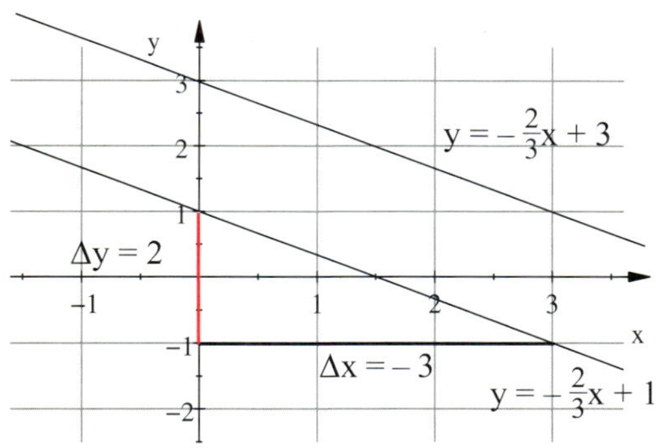

a) **$m = -\frac{2}{3}$** ist die Steigung der Geraden.

Im **Steigungsdreieck** erkennt man das Verhältnis $m = \frac{\Delta y}{\Delta x} = -\frac{2}{3}$.

b = 1 ist der **y-Achsenabschnitt.**
Die Gerade schneidet die y-Achse in $S_y(0 \mid 1)$.

b) **Schnittpunkt mit der x-Achse**

Bedingung: $f(x) = 0$ $\qquad -\frac{2}{3}x + 1 = 0 \iff \frac{2}{3}x = 1 \iff x = \frac{3}{2}$

$x = \frac{3}{2}$ ist die **Nullstelle** der linearen Funktion f.

Die Gerade schneidet die x-Achse in $(\frac{3}{2} \mid 0)$.

c) **Punktprobe** mit $P(-\frac{5}{2} \mid 2{,}6)$ ergibt: $\qquad 2{,}6 = -\frac{2}{3}(-\frac{5}{2}) + 1$

Umformung der rechten Seite: $\qquad 2{,}6 = \frac{5}{3} + 1 = \frac{8}{3}$ $\qquad$ falsche Aussage.

$P(-\frac{5}{2} \mid 2{,}6)$ **liegt nicht** auf der Geraden.

d) Eine **parallele** Gerade hat die **gleiche Steigung** $m = -\frac{2}{3}$: $y = -\frac{2}{3}x + b$

Punktprobe mit $(3 \mid 1)$ ergibt: $\qquad 1 = -\frac{2}{3}(3) + b \iff b = 3$

Die Gerade hat also die Gleichung $y = -\frac{2}{3}x + 3$.

2) Gegeben sind die linearen Funktionen f und g durch

$f(x) = 1{,}5x - 2$ und $g(x) = -0{,}5x + 1$; $x \in \mathbf{R}$.

K ist das Schaubild von f, G ist das Schaubild von g.

a) Berechnen Sie den gemeinsamen Punkt von K und G.

b) K wird um 2 nach oben verschoben.

Wo schneidet die verschobene Gerade die Koordinatenachsen?

Lösung

a) Schnittpunkt der beiden Geraden

Gleichsetzen: $f(x) = g(x)$ $\quad 1{,}5x - 2 = -0{,}5x + 1 \iff 2x = 3$

Schnittstelle: $\quad x = \frac{3}{2}$

Einsetzen in f(x) oder g(x): $\quad f(\frac{3}{2}) = 1{,}5(\frac{3}{2}) - 2 = \frac{1}{4}$

Schnittpunkt von K und G: $\quad S(\frac{3}{2} \mid \frac{1}{4})$

Schaubilder K und G:

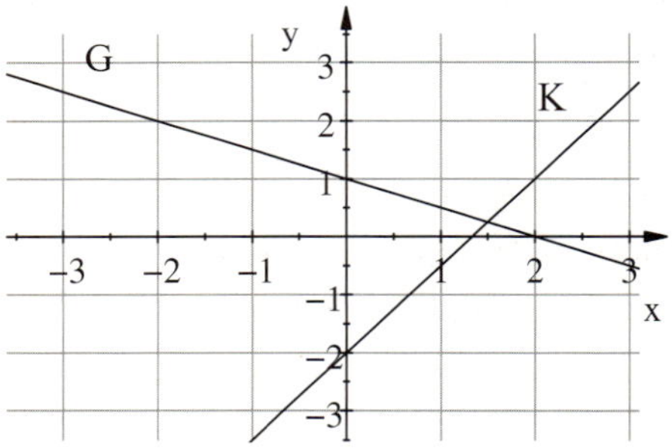

b) K wird um 2 nach oben verschoben.
Die y-Werte der Geradenpunkte vergrößern sich um 2.
Gleichung der verschobenen Geraden H:
$y = 1{,}5x - 2 + \mathbf{2} = 1{,}5x$
(Ursprungsgerade)

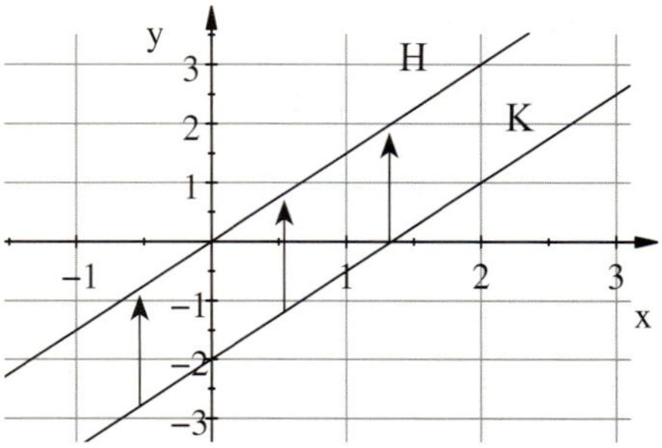

Beachten Sie: Das Schaubild H entsteht aus K von f durch **Verschiebung in y-Richtung** um a: $h(x) = f(x) + a$.

Was man wissen sollte... über lineare Funktionen

Das Schaubild K von f mit

f(x) = mx + b; $x \in \mathbb{R}$,

ist eine **Gerade**

mit **Steigung m** $= \frac{\Delta y}{\Delta x}$

und **y-Achsenabschnitt b.**

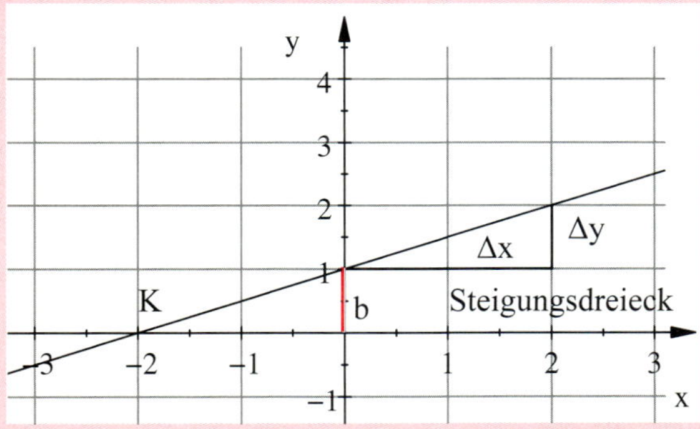

Für m > 0 ist die Gerade steigend.

Für m < 0 ist die Gerade fallend.

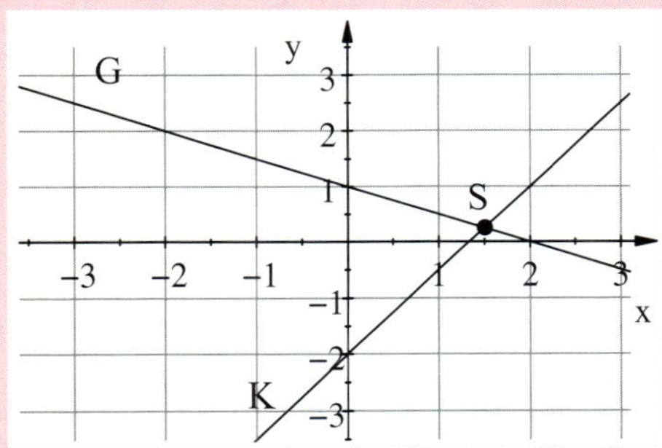

Schnittpunkt

– **mit der y-Achse:** x = 0: $S_y(0 \mid b)$

– **mit der x-Achse:** f(x) = 0

ergibt die Nullstelle x_N, also $S_x(x_N \mid 0)$

– **von zwei Geraden** K von f und G von g:

f(x) = g(x) ergibt die Schnittstelle x_S.

Einsetzen ergibt $f(x_S) = y_S$ und den Schnittpunkt $S(x_S \mid y_S)$

Parallele Geraden

haben die **gleiche Steigung:**

$m_G = m_H$

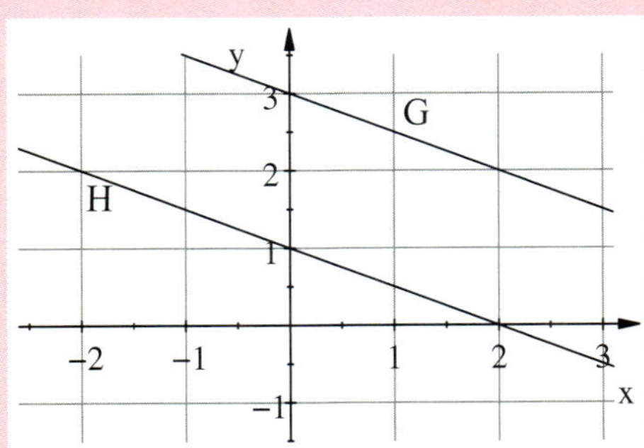

Aufgaben

1. Gegeben ist die lineare Funktion f mit $f(x) = \frac{1}{3}x - 2$; $x \in \mathbf{R}$.
   Der Graf von f ist K.
   a) Zeichnen Sie K in ein geeignetes Koordinatensystem.
   Berechnen Sie $f(-2)$, $f(0{,}5)$, $f(1{,}5)$ und $f(3)$.
   Liegt der Punkt $P(4 \mid -0{,}7)$ auf K, unterhalb oder oberhalb von K? Begründen Sie.
   b) Für welche x-Werte gilt $f(x) = 0$ bzw. $f(x) = -3$?
   c) Die Abbildung zeigt das Schaubild G der linearen Funktion g.
   Bestimmen Sie g(x) und den Schnittpunkt von K und G.
   d) Bestimmen Sie die Gleichung der Geraden durch die Punkte A und B.

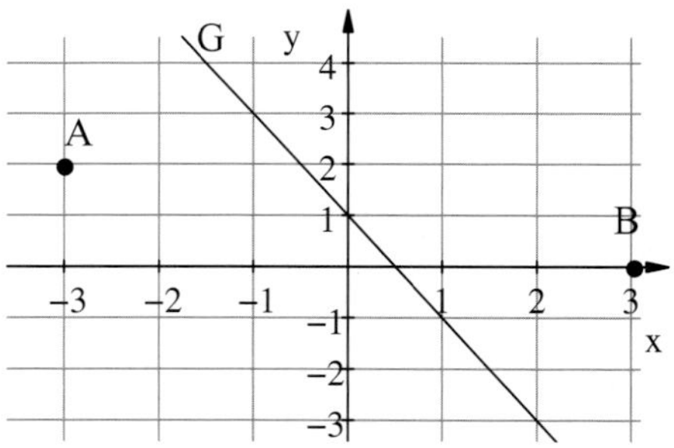

2. Gegeben ist die lineare Funktion f. Bestimmen Sie die Nullstelle von f.
   Zeichnen Sie die zugehörige Gerade in ein geeignetes Koordinatensystem.
   a) $f(x) = 3x - 4$ b) $f(x) = -2x - 1$ c) $f(x) = \frac{3}{4}x + 2$
   d) $f(x) = -0{,}2x + 3$ e) $f(x) = -\frac{2}{3}x - 2$ f) $f(x) = 4x - 6$

3. Eine Gerade hat die Steigung $m = -\frac{2}{5}$ und sie verläuft durch den Punkt P.
   Bestimmen Sie die Geradengleichung.
   a) $P(5 \mid 1)$ b) $P(-3 \mid 4)$ c) $P(-\frac{1}{2} \mid -\frac{3}{2})$

4. Das Schaubild einer Funktion f verläuft parallel zur Geraden mit der Gleichung $y = \frac{5}{2}x$.
   Bestimmen Sie den Funktionsterm f(x), wenn P auf dem Schaubild von f liegt.
   a) $P(-4 \mid 4)$ b) $P(-\frac{3}{4} \mid 0)$ c) $P(-\frac{5}{2} \mid -5)$

5. Das Schaubild einer Funktion f schneidet die y-Achse in -4.
   Bestimmen Sie f(x), wenn das Schaubild von f die x-Achse in $x = a$ schneidet.
   a) $a = 6$ b) $a = -2{,}5$ c) $a = 1$

6. Das Schaubild einer Funktion f mit $f(x) = 4ax + 3$ schneidet die x-Achse in $x = -1$.
   Bestimmen Sie a.

7. Zeichnen Sie eine Gerade, die die x-Achse in 6 und die y-Achse in 4 schneidet.
   Bestimmen Sie den Funktionsterm der linearen Funktion.

8. Bestimmen Sie die Geradengleichungen mithilfe der Abbildung.
   Berechnen Sie die Koordinaten des Schnittpunktes.

Abb. 1

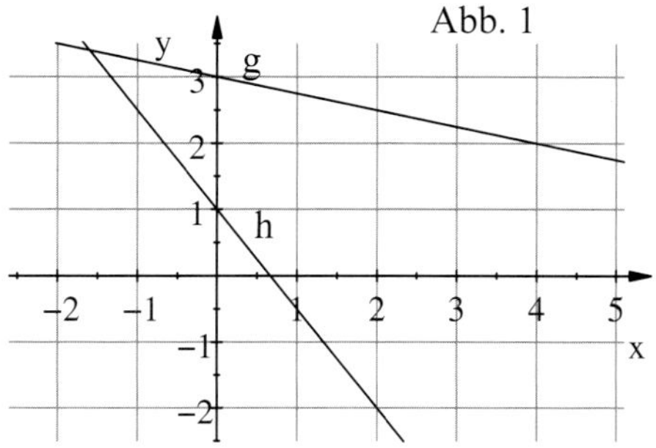

Abb. 2

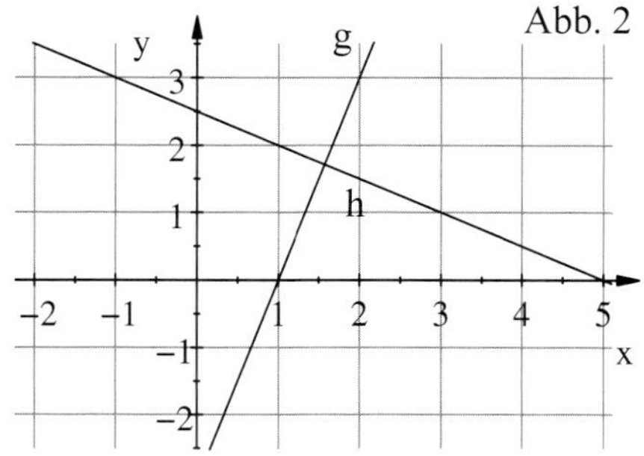

Abb. 3

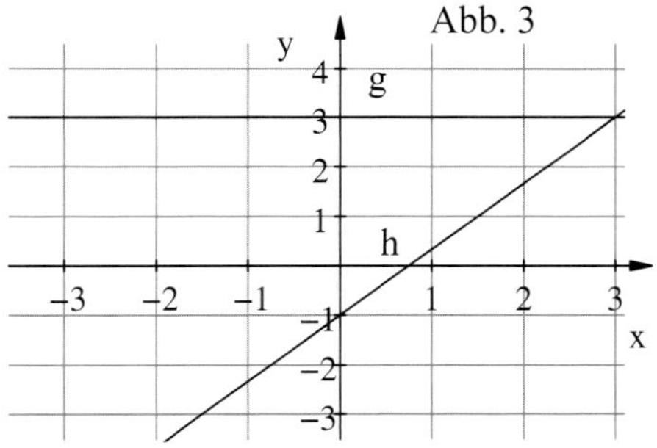

Abb. 4

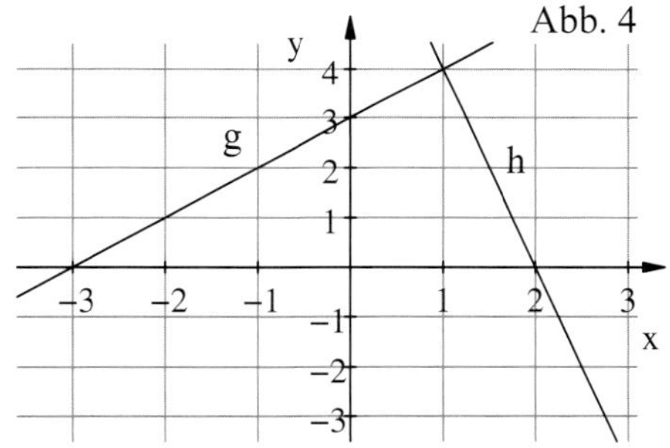

9. Die Wertetabelle gehört zu einer linearen Funktion. Begründen Sie diese Aussage.
   Vervollständigen Sie die Wertetabelle.

a)

x	– 1	0	1	2	4	6
f(x)		1	1,5	2		

b)

x	0	1	2	3	4	5
f(x)		2	$\frac{4}{3}$	$\frac{2}{3}$		

10. Die Abbildung zeigt das Schaubild K einer linearen Funktion f.

   a) Bestimmen Sie f(x).

   b) Zeichnen Sie ein:
   Eine Parallele zu K durch den Punkt (– 2 | 0).
   Eine Parallele zur y-Achse durch den Schnittpunkt von K mit der x-Achse.

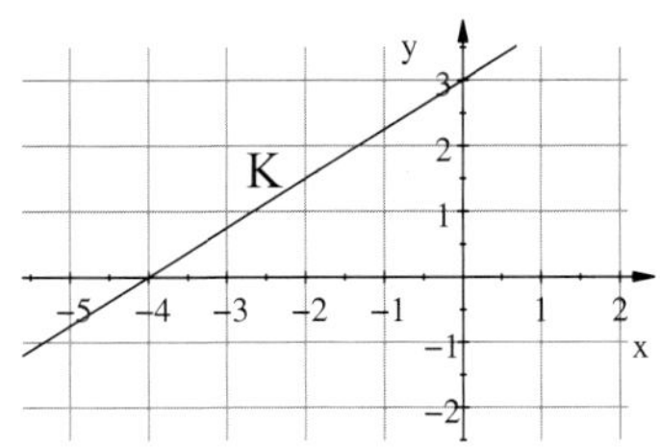

   c) Wo schneiden sich K und eine Parallele zur x-Achse durch (0 | 2)?

   d) G ist das Schaubild einer linearen Funktion g mit $g(x) = \frac{1}{2}x + 1$.
   Bestimmen Sie den Schnittpunkt von K und G.

11. K und G sind die Schaubilder der linearen Funktionen f und g.
Berechnen Sie den Schnittpunkt von K und G.
a) $f(x) = 2x - 4$; $g(x) = x + 1$ b) $f(x) = \frac{3}{2}x + 1$; $g(x) = -x + 4$
c) $f(x) = \frac{1}{8}x - 2$; $g(x) = 3x + 4$ d) $f(x) = -\frac{3}{4}x$; $g(x) = -3x - 5$

12. Gibt es eine Gerade, die
– nur im 1. und 2. Quadranten verläuft?
– nur im 1. Quadranten verläuft? Begründen Sie Ihre Antwort.

13. Die Geraden G und H sind Schaubilder der linearen Funktionen g und h mit
$g(x) = -\frac{2}{3}x + \frac{1}{3}$ und $h(x) = 2x - 5$.
a) Zeichnen Sie die Geraden G und H in ein rechtwinkliges Koordinatensystem.
b) Berechnen Sie die Koordinaten des Schnittpunktes von G und H.
c) Die Geraden G, H und die x-Achse bilden ein Dreieck. Berechnen Sie die Fläche dieses Dreiecks.
d) Für welche x-Werte gilt $g(x) \leq 0$? Interpretieren Sie Ihr Ergebnis geometrisch.

14. Im nebenstehenden Gitternetz sind zwei Geraden dargestellt.
a) Zeichnen Sie ein Koordinatensystem mit x- und y-Achse so ein, dass eine Gerade die Gleichung $y = -\frac{2}{3}x + 2$ hat.
b) Ermitteln Sie die Gleichung der zweiten Geraden.

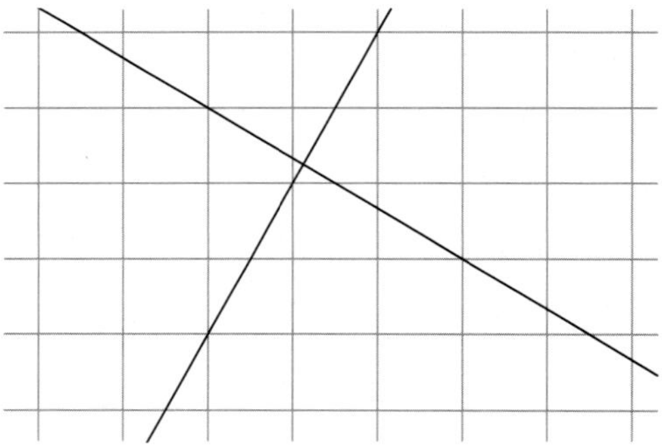

15. Die Abbildung zeigt Geraden, die sich durch die gegebene Gleichung beschreiben lassen. Ordnen Sie jeder Geraden einen Wert von t zu.
Abb. 1: $y = tx + 1$ Abb. 2: $y = \frac{1}{2}x + t$

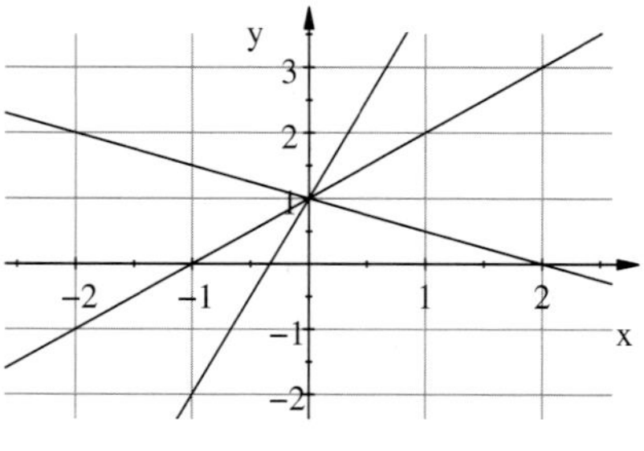

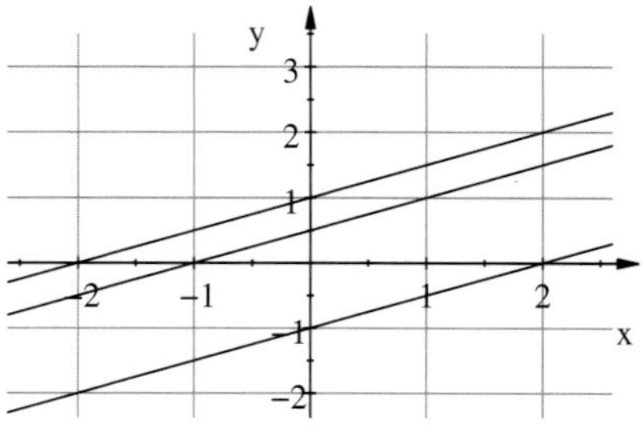

4.4 Quadratische Funktionen

Definition: Eine Funktion der Form f mit $f(x) = ax^2 + bx + c;\ a \neq 0;\ x \in \mathbf{R}$,
heißt **quadratische Funktion**.
Das Schaubild von f ist eine **Parabel.**

Die Parabel mit der Gleichung $y = x^2$
heißt Normalparabel.
S(0 | 0) ist der Scheitelpunkt.
Die Parabel ist symmetrisch zur y-Achse.

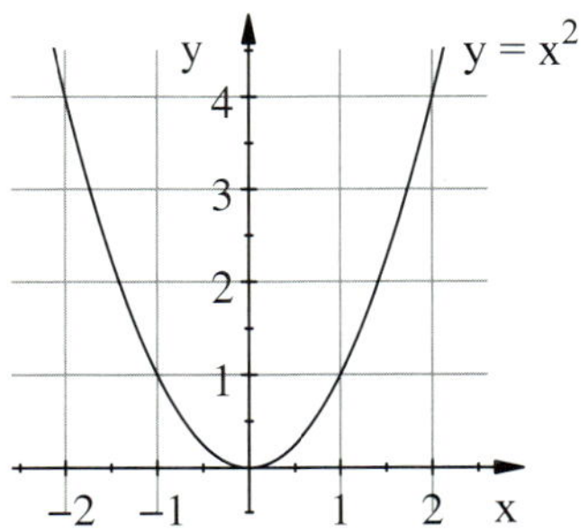

Verschiebung der Normalparabel

– in y-Richtung

Der Funktionsterm $f(x) = x^2$
ändert sich zu $g(x) = x^2 + 2$.

Der Funktionsterm hat die Form **$g(x) = f(x) + c$.**

c > 0: Verschiebung nach oben.

c < 0: Verschiebung nach unten.

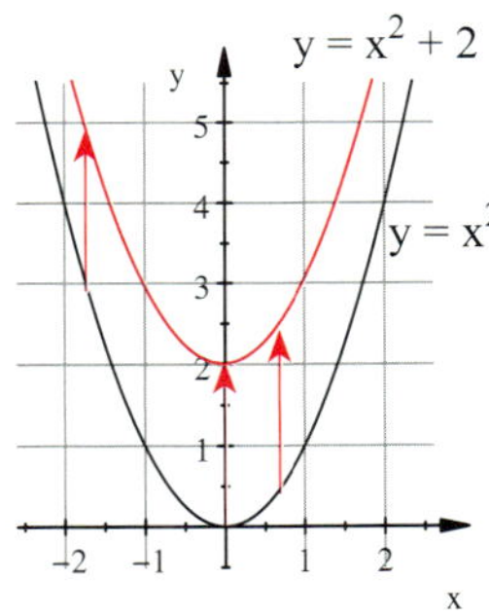

– in x-Richtung

Der Funktionsterm $f(x) = x^2$
ändert sich zu $g(x) = (x + 2)^2$.
Der Funktionsterm hat die Form
$g(x) = f(x - d)$.

d > 0: Verschiebung nach rechts.

d < 0: Verschiebung nach links.

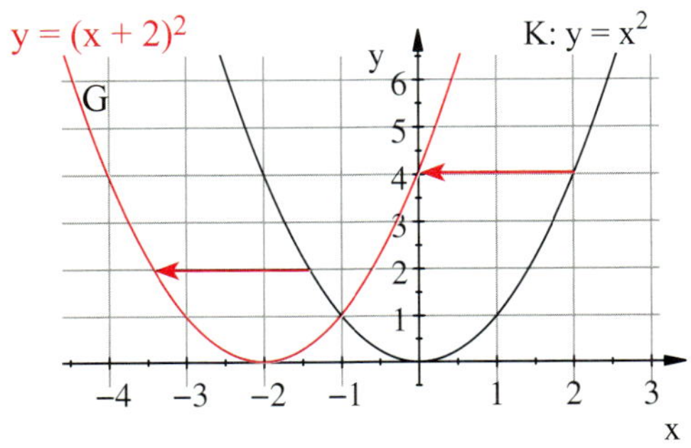

Streckung der Normalparabel in y-Richtung

Der Funktionsterm $f(x) = x^2$

ändert sich zu $g(x) = 0{,}5x^2$.

Der Funktionsterm hat die Form

$g(x) = af(x); a > 0$.

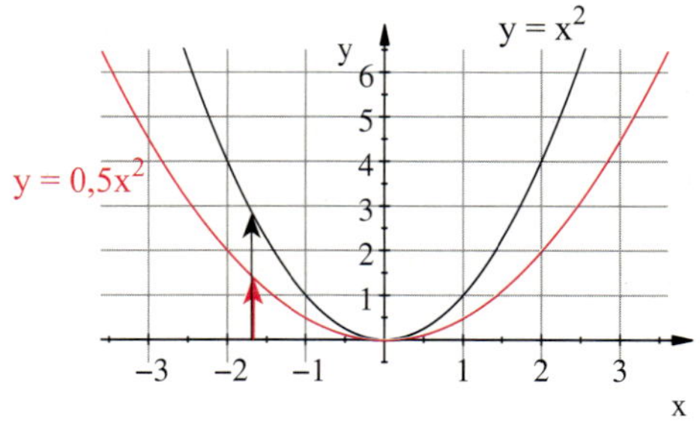

Spiegelung der Normalparabel an der x-Achse

Der Funktionsterm $f(x) = x^2$

ändert sich zu $g(x) = -x^2$.

Der Funktionsterm hat die Form **$g(x) = -f(x)$.**

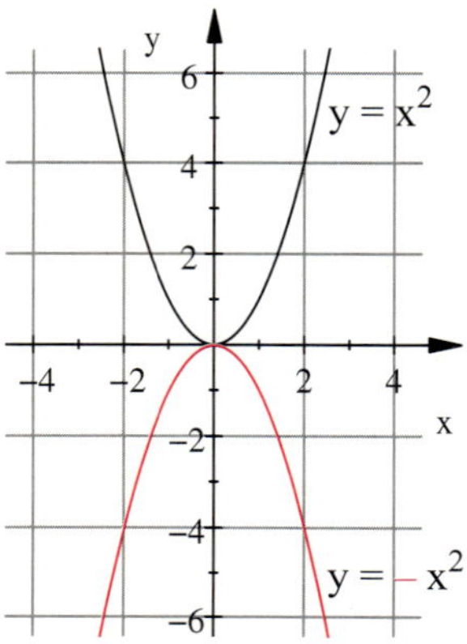

Beispiel:

Die Normalparabel wird mit dem Faktor $\frac{1}{2}$ in y-Richtung gestreckt, um 2 nach rechts und um 1 nach oben verschoben.

$f(x) = \frac{1}{2}(x-2)^2 + 1 = \frac{1}{2}x^2 - 2x + 3$

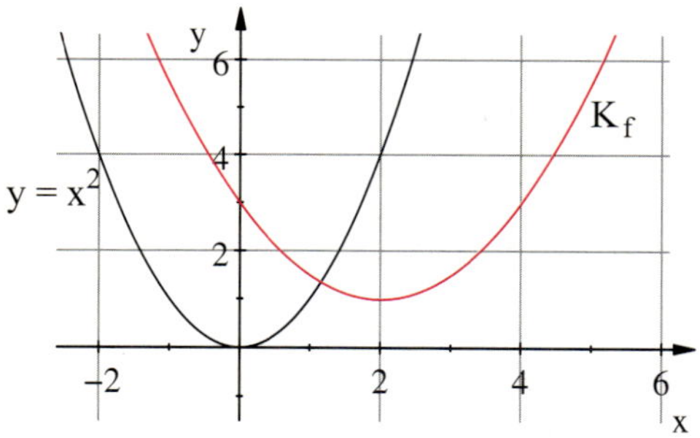

Beachten Sie: Die **allgemeine Form** einer Parabelgleichung ist $y = ax^2 + bx + c$; $a \neq 0$.

Für $a > 0$ (**$a < 0$**) ist die Parabel nach oben (nach **unten**) geöffnet.

Für **b = 0** erhält man eine quadratische Funktion f mit $f(x) = ax^2 + c$

Das Schaubild ist **symmetrisch zur y-Achse.**

Es schneidet die y-Achse in $S(0 \mid c)$.

S ist der Scheitelpunkt.

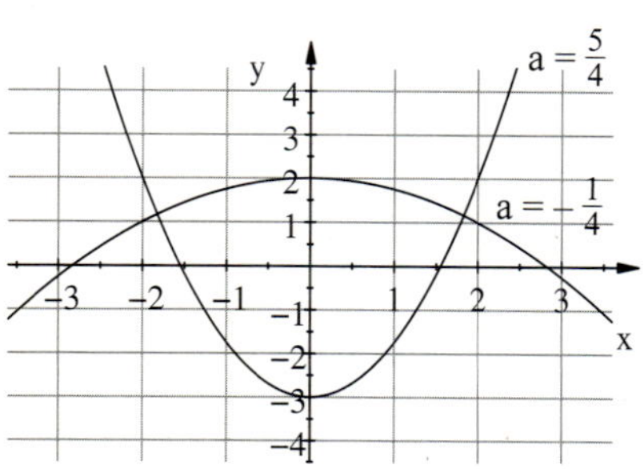

Schnittpunkte von Parabel und x-Achse

Die Parabel K ist das Schaubild von f mit $f(x) = \frac{1}{2}x^2 - \frac{3}{2}x + 1$; $x \in \mathbb{R}$.

a) Wo schneidet K die x-Achse? Bestimmen Sie die Koordinaten des Scheitelpunktes.

b) Verschieben Sie K so, dass die verschobene Parabel die x-Achse berührt.

Lösung

a) **Bedingung für die Schnittstellen mit der x-Achse:** $f(x) = 0$

Lösung der quadratischen Gleichung $\frac{1}{2}x^2 - \frac{3}{2}x + 1 = 0 \quad | \cdot 2$

$x^2 - 3x + 2 = 0$

z. B. mithilfe der Formel ergeben sich die **Nullstellen von f:** $x_1 = 1$; $x_2 = 2$

Die Parabel K schneidet die x-Achse in $N_1(1 \mid 0)$ und $N_2(2 \mid 0)$.

Die Parabel K ist **symmetrisch zu einer Parallelen zur y-Achse** durch den Scheitel.

Die **x-Koordinate** des Scheitels liegt in der Mitte zwischen den beiden Nullstellen.

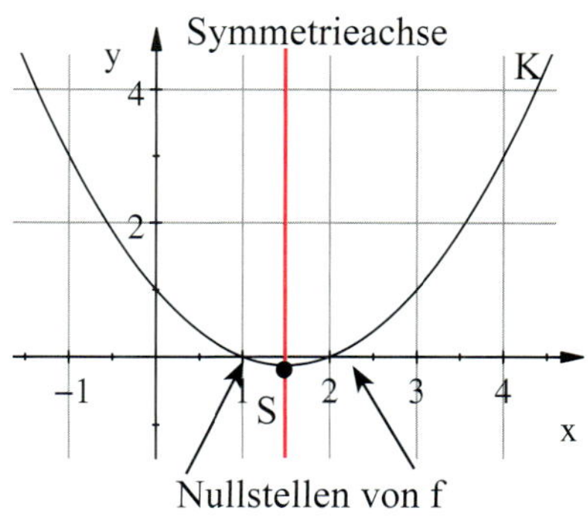

Für die **x-Koordinate** des Scheitels gilt:

$x_S = \frac{x_1 + x_2}{2}$, x_1 und x_2 sind die Nullstellen.

Einsetzen ergibt $x_S = 1{,}5$

Einsetzen in f(x) ergibt $y_S = f(1{,}5) = -0{,}125$

Scheitelpunkt $S(1{,}5 \mid -0{,}125)$

b) Verschiebt man K um 0,125 nach oben, so liegt der Scheitel auf der x-Achse.

Die verschobene Parabel hat einen gemeinsamen Punkt mit der x-Achse, sie **berührt** die x-Achse.

Neuer Funktionsterm: $h(x) = \frac{1}{2}x^2 - \frac{3}{2}x + 1 + 0{,}125 = \frac{1}{2}x^2 - \frac{3}{2}x + \frac{9}{8}$

Kontrolle durch die Berechnung der Nullstellen von h: $h(x) = 0$

Lösung der quadratischen Gleichung $\frac{1}{2}x^2 - \frac{3}{2}x + \frac{9}{8} = 0 \quad | \cdot 8$

$4x^2 - 12x + 9 = 0$

z. B. mithilfe der abc-Formel $x_{1|2} = \frac{12 \pm \sqrt{144 - 16 \cdot 9}}{8} = \frac{12 \pm \sqrt{0}}{8}$

$x_{1|2} = \frac{3}{2}$

Die Gleichung hat **eine Lösung** wegen D = 0. f hat **eine doppelte Nullstelle.**

Schnittpunkte von Parabel und Gerade

Die Parabel K ist das Schaubild von f mit $f(x) = \frac{1}{4}(x^2 + 6x - 8)$; $x \in \mathbf{R}$.

a) Zeigen Sie: Die Gerade g mit der Gleichung $y = x - \frac{9}{4}$ berührt K.

b) Verschieben Sie g so, dass die verschobene Gerade die Parabel auf der y-Achse schneidet. Bestimmen Sie den weiteren Schnittpunkt.

Lösung

a) **Bedingung für die Schnittstellen von K und g:** $f(x) = x - \frac{9}{4}$

Gleichsetzen $\frac{1}{4}(x^2 + 6x - 8) = x - \frac{9}{4} \quad | \cdot 4$

ergibt eine quadratischen Gleichung $x^2 + 6x - 8 = 4x - 9$

Nullform: $x^2 + 2x + 1 = 0$

Die Lösung als Binom $(x + 1)^2 = 0$

ergibt die doppelte Lösung $x_{1|2} = -1$.

Die Parabel K berührt die Gerade g in $x = -1$.

Einsetzen in $y = x - \frac{9}{4}$ ergibt $y_B = -\frac{13}{4}$

und damit den **Berührpunkt** $B(-1 \mid -\frac{13}{4})$.

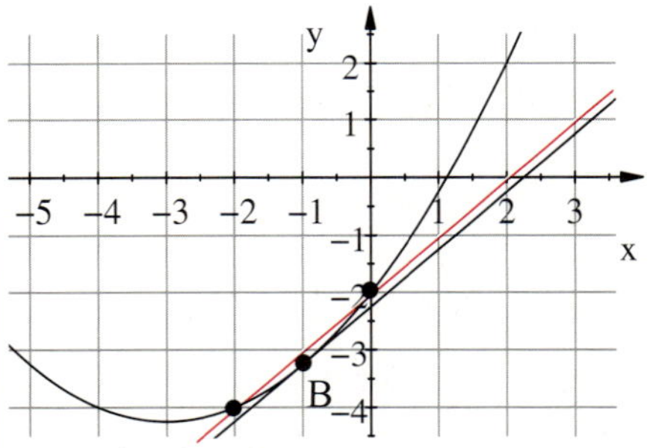

Bemerkung: Lösung mithilfe der abc-Formel

$x_{1|2} = \frac{-2 \pm \sqrt{4-4}}{2} = \frac{-2 \pm \sqrt{0}}{2}$

$x_{1|2} = -1$

Die Gleichung hat **eine Lösung** wegen D = 0. **D = 0 bedeutet Berühren.**

b) K schneidet die y-Achse in $(0 \mid -2)$.

Die Gerade muss also um **0,25 nach oben** verschoben werden.

Gleichung der verschobenen Geraden h: $y = x - 2$

Berechnung der **Schnittstellen von K und h:** $f(x) = x - 2$

Gleichsetzen ergibt eine quadratischen Gleichung $\frac{1}{4}(x^2 + 6x - 8) = x - 2 \quad | \cdot 4$

Nullform: $x^2 + 6x - 8 = 4x - 8 \Leftrightarrow x^2 + 2x = 0$

Lösung durch Ausklammern: $x(x + 2) = 0$

Anwendung des Satzes vom Nullprodukt: $x_1 = 0$; $x_2 = -2$

Die Gleichung hat **zwei Lösungen**, also gibt es zwei Schnittpunkte.

Schnittpunkte von K und h: $S_1(0 \mid -2)$; $S_2(-2 \mid -4)$

Schnittpunkte von Parabel und Parabel

Die Parabel K ist das Schaubild von f mit $f(x) = \frac{1}{2}x^2 - \frac{3}{2}x + 1$; $x \in \mathbf{R}$.

a) Zeigen Sie, dass K und die Parabel P mit $y = x^2 - 2x + 2$ keinen Punkt gemeinsam haben.

b) P wird mit Faktor $\frac{1}{8}$ in y-Richtung gestreckt.
Wo schneiden sich K und die gestreckte Parabel?

Lösung

a) **Bedingung für die Schnittstellen von K und P:** $f(x) = x^2 - 2x + 2$

Lösung der quadratischen Gleichung

$$\frac{1}{2}x^2 - \frac{3}{2}x + 1 = x^2 - 2x + 2$$
$$-\frac{1}{2}x^2 + \frac{1}{2}x - 1 = 0$$
$$-x^2 + x - 2 = 0$$

z. B. mithilfe der Formel
ergibt **keine** Lösung wegen
$D = 1 - 8 = -7 < 0$.
K und P haben keinen gemeinsamen Punkt.

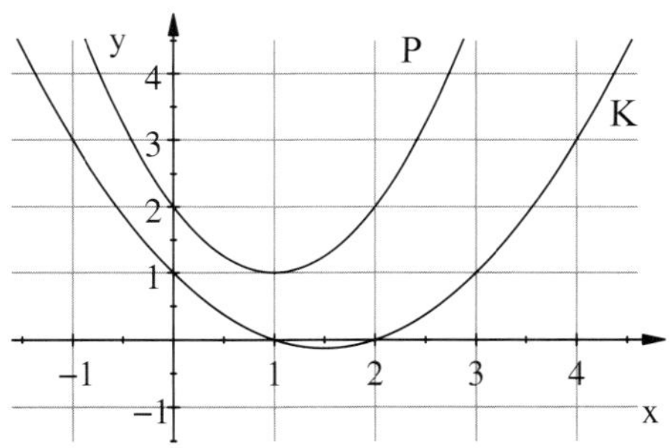

b) P wird mit Faktor $\frac{1}{8}$ in y-Richtung gestreckt.

Neuer Funktionsterm: $h(x) = \frac{1}{8}(x^2 - 2x + 2)$

Schnittstellen von K und H von h: $f(x) = h(x)$

Lösung der quadratischen Gleichung $\frac{1}{2}x^2 - \frac{3}{2}x + 1 = \frac{1}{8}(x^2 - 2x + 2) \mid \cdot 8$

$$4x^2 - 12x + 8 = x^2 - 2x + 2$$

in Nullform: $3x^2 - 10x + 6 = 0$

z. B. mithilfe der abc-Formel $x_{1|2} = \frac{10 \pm \sqrt{100 - 12 \cdot 6}}{6} = \frac{10 \pm \sqrt{28}}{6}$

$x_1 \approx 0{,}78$; $x_2 \approx 2{,}55$
Die Gleichung hat **zwei Lösungen** wegen $D > 0$, also zwei Schnittstellen.
K und H schneiden sich in $x_1 \approx 0{,}78$ und in $x_2 \approx 2{,}55$.

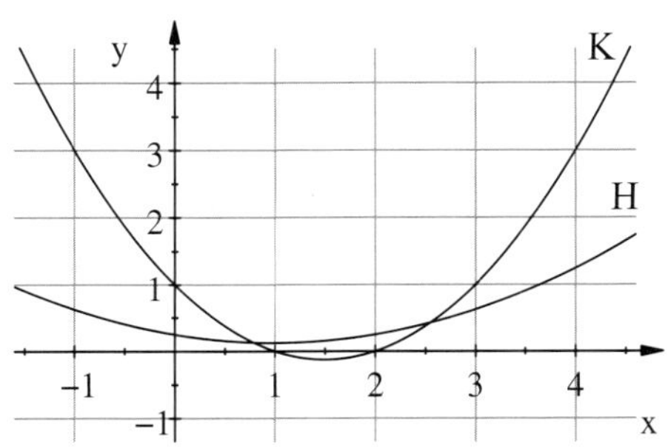

Gegenseitige Lage von zwei Kurven

Bedingung für die x-Koordinaten der Schnittpunkte (Schnittstellen): $f(x) = g(x)$

Quadratische Gleichung in Nullform: $f(x) - g(x) = 0$

Die Anzahl der Lösungen (eine Lösung entspricht einer Schnittstelle)

hängt von der **Diskriminante** ab: $\mathbf{D = b^2 - 4ac}$

D > 0

zwei einfache Schnittstellen
K und G **schneiden** sich in zwei **verschiedenen** Punkten.

D = 0

eine (doppelte) Schnittstelle (Berührstelle)
K und G **berühren** sich.

D < 0

keine Schnittstelle
K und G haben **keinen gemeinsamen Punkt.**

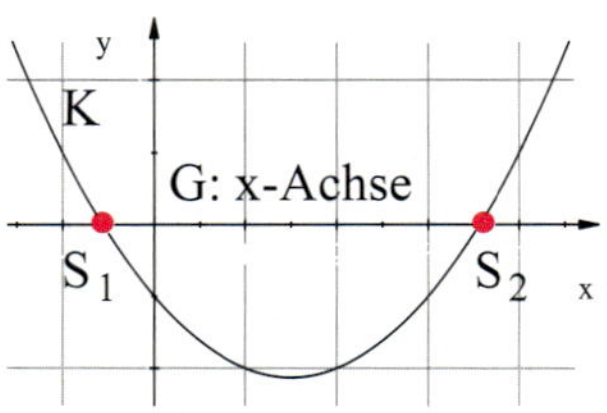

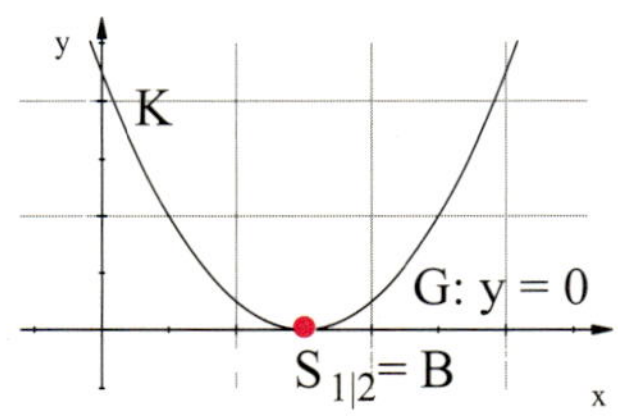

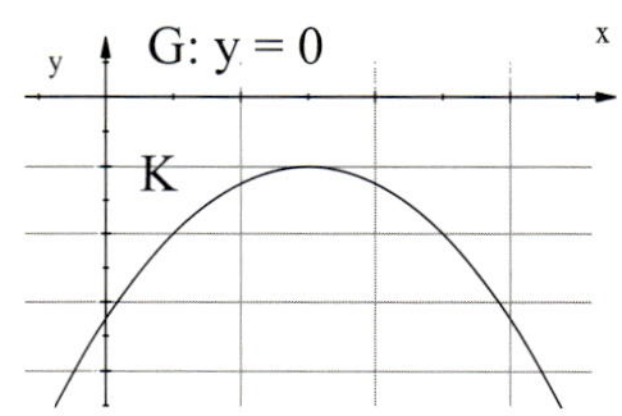

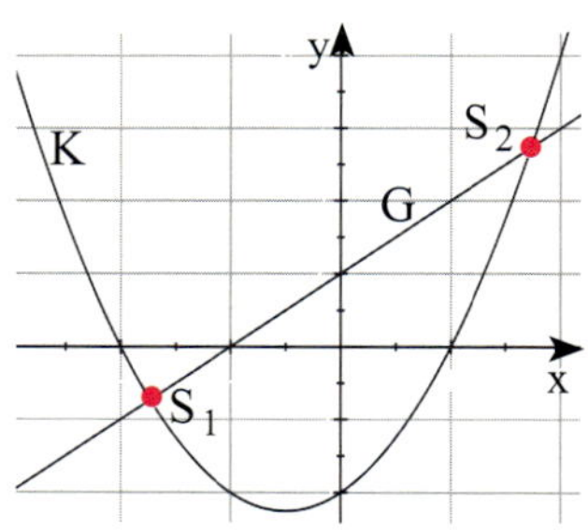

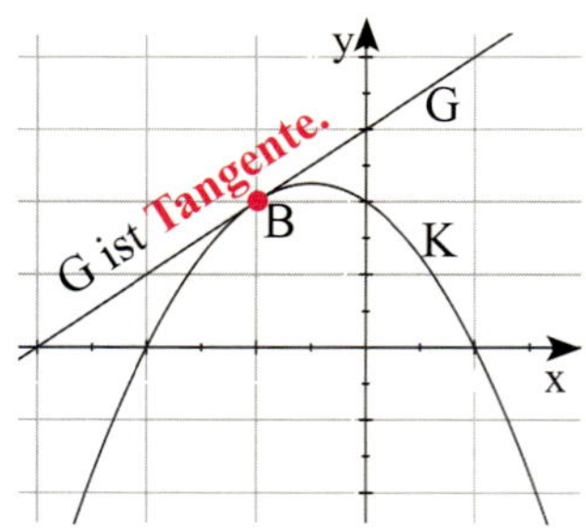

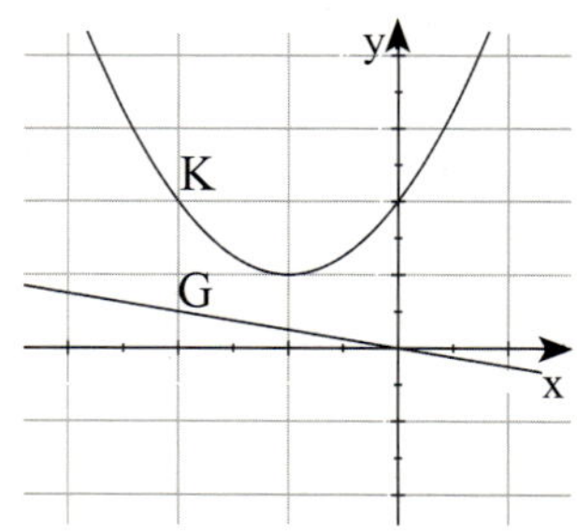

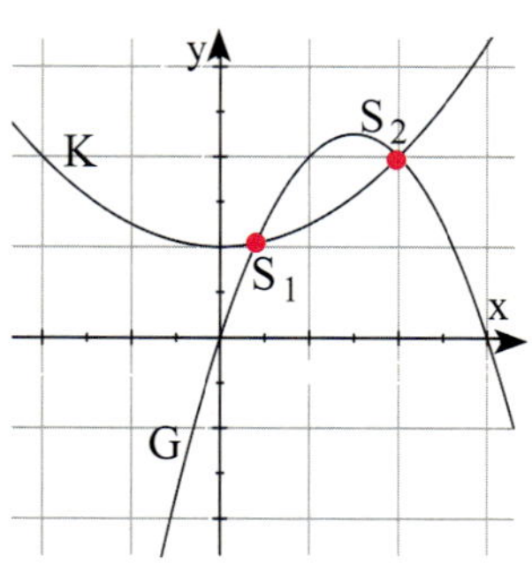

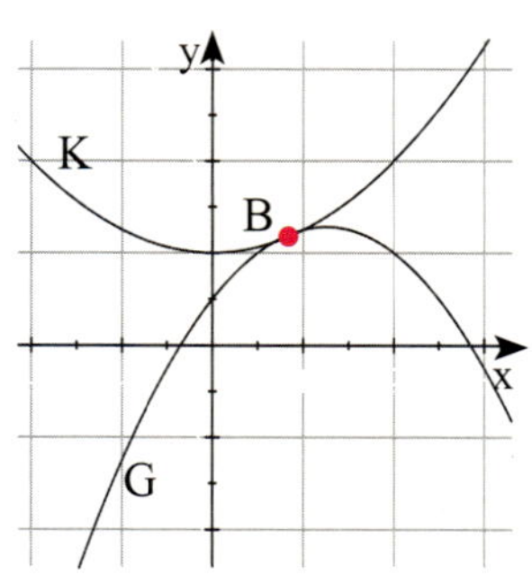

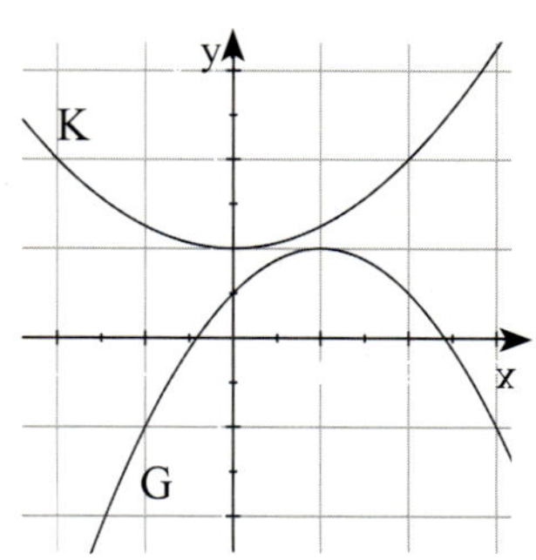

Aufgaben

1. Gegeben ist die quadratische Funktion f. Bestimmen Sie die Nullstellen von f. Zeichnen Sie die zugehörige Parabel in ein geeignetes Koordinatensystem. Ermitteln Sie die Scheitelkoordinaten.

   a) $f(x) = x^2 + 4x$ b) $f(x) = x^2 + 4x + 5$ c) $f(x) = -\frac{1}{2}x^2 + 3$

   d) $f(x) = \frac{1}{2}(x - 3)(x + 1)$ e) $f(x) = x^2 - 3x - 4$ f) $f(x) = -\frac{1}{4}(x^2 - x - 4)$

2. Berechnen Sie die Koordinaten der Schnittpunkte von K_f und K_g.

   a) $f(x) = \frac{1}{2}x^2 + 3x - 4;\ g(x) = 2x - \frac{9}{2}$

   b) $f(x) = x^2 + 3x;\ g(x) = 0{,}5x^2$

   c) $f(x) = x^2 + 2;\ g(x) = -\frac{1}{2}x^2 + 3x + \frac{1}{2}$

   d) $f(x) = x^2 + 1;\ g(x) = -\frac{1}{4}x^2 + \frac{1}{2}x + \frac{11}{4}$

3. Das Schaubild von f ist eine verschobene Normalparabel. Bestimmen Sie einen möglichen Funktionsterm, wenn f folgende Nullstellen hat.

   a) $x_1 = 1;\ x_2 = 5$ b) $x_1 = 0;\ x_2 = -3$ c) $x_{1|2} = 2$

4. Lösen Sie die Gleichung zeichnerisch.

   a) $x^2 - 2x = 0$ b) $1 = -\frac{1}{2}x^2 + 3$ c) $2x - 1 = x^2$

5. K ist das Schaubild von f. Welche Eigenschaften von K lassen sich aus f(x) ablesen.

   a) $f(x) = x(x + 2)$ b) $f(x) = -x^2 - 3$ c) $f(x) = \frac{1}{2}x^2$

   d) $f(x) = (x + 1)^2 - 2$ e) $f(x) = -(x - 3)^2$ f) $f(x) = (x + 3)(x - 2)$

6. Gegeben ist die Parabel P und die Gerade g.

   P: $y = \frac{1}{2}x^2 - x - 4$ g: $y = -\frac{3}{2}x + 2$

   a) Berechnen Sie die Koordinaten des Scheitels.

   b) Zeichnen Sie P und g in ein rechtwinkliges Koordinatensystem.

   c) Berechnen Sie die Koordinaten der Schnittpunkte S_1 und S_2 von P mit g.

   d) Berechnen Sie die Länge der Strecke S_1S_2.

7. K ist das Schaubild der Funktion f mit $f(x) = -x^2 + 2x + 1;\ x \in \mathbf{R}$.
   Die Gleichung $2 = -x^2 + 2x + 1$ besitzt genau eine Lösung. Was folgt daraus für den Scheitel der Parabel K? Beschreiben Sie in Worten.

8. Eine Parabel ist symmetrisch zur y-Achse. Sie schneidet die y-Achse in (0 | 3) und verläuft durch den Punkt A(2 | 1). Bestimmen Sie die Parabelgleichung.

4 Ott, Deusch ISBN 978-3-8120-0033-8

9. Die Abbildung zeigt eine Parabel in Normalparabelform.

   Bestimmen Sie einen geeigneten Funktionsterm.

a)

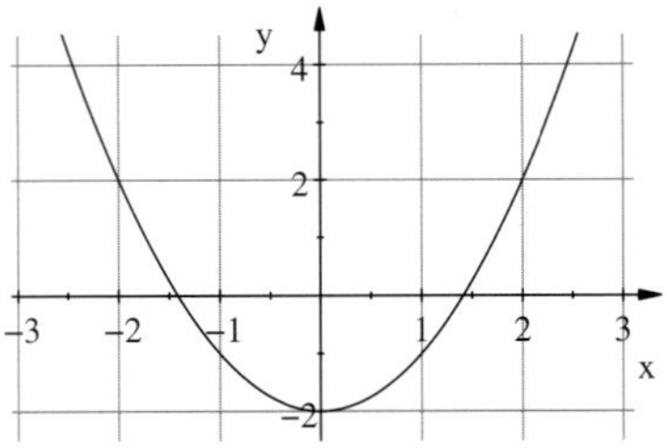

b)

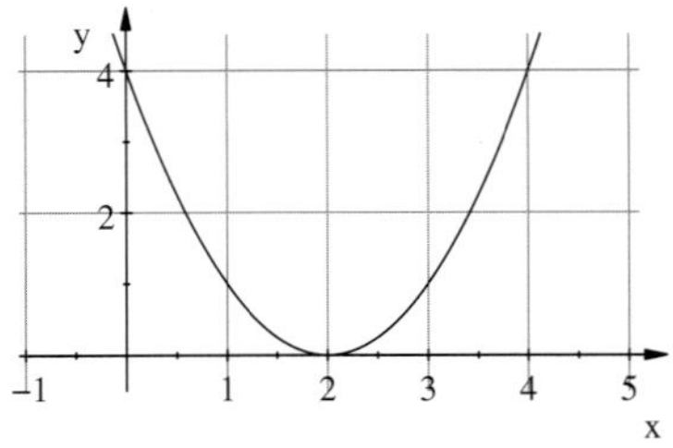

c)

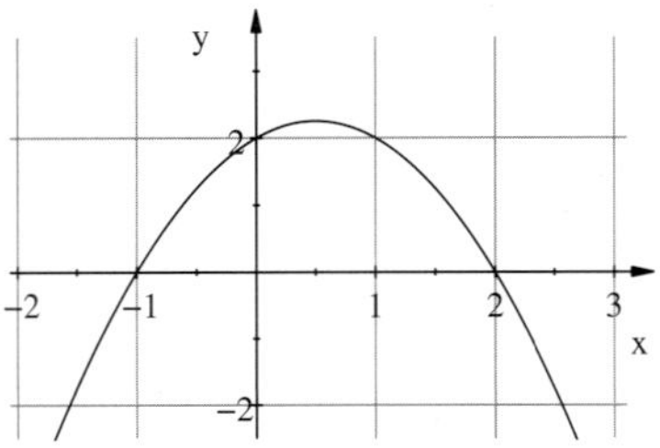

d)

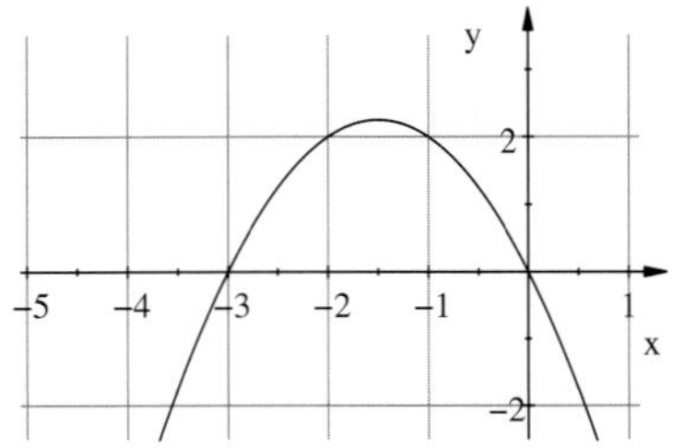

10. a) Ordnen Sie den beiden dargestellten Parabeln jeweils eine der folgenden Gleichungen zu.

$y = \frac{3}{8}x^2 - 3$

$y = -2x^2 + 3$

$y = -\frac{1}{2}x^2 + 2x + 3$

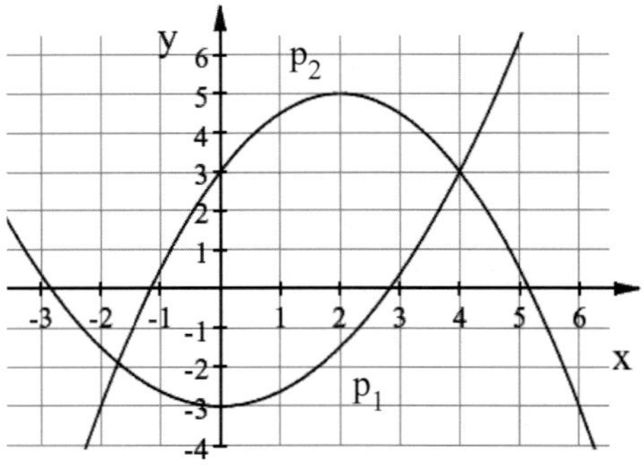

b) Berechnen Sie die Koordinaten der Schnittpunkte von p_1 und p_2.

c) Geben Sie die Scheitel S_1 und S_2 der Parabeln an.

d) Berechnen Sie den Abstand der beiden Scheitelpunkte.

11. Ordnen Sie jeder Kurve die zugehörige Gleichung zu. Begründen Sie Ihre Antwort.

$y = x^2 - 2$; $y = x^2$; $y = (x-2)^2$;

$y = (x+2)^2$; $y = x$; $y = x - 2$;

$y = -2x - 2$; $y = -x - 2$

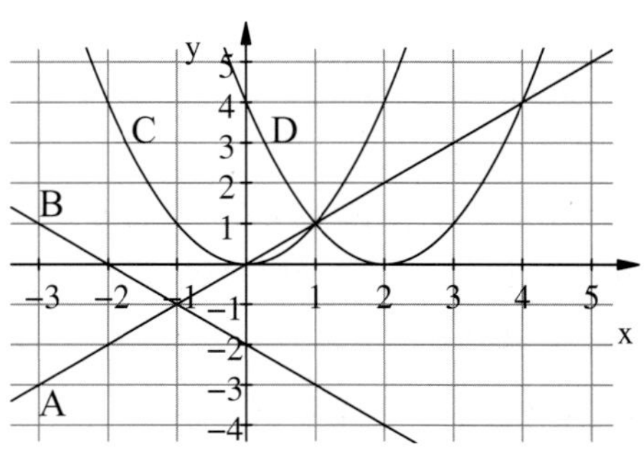

12. Die Abbildung zeigt eine Parabel P.
    Zeichnen Sie die Gerade ein,
    die die Parabel in x = 1 und x = 3 schneidet.
    Wo schneidet die Gerade die x-Achse?

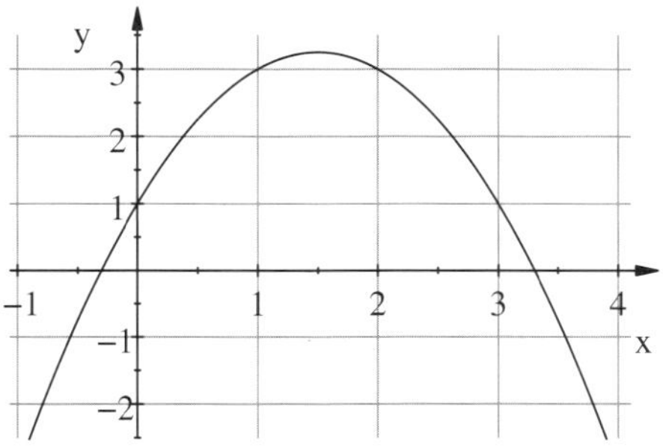

13. Begründen Sie, warum die Abbildungen 1 und 2 keine Parabel 2. Ordnung zeigen.

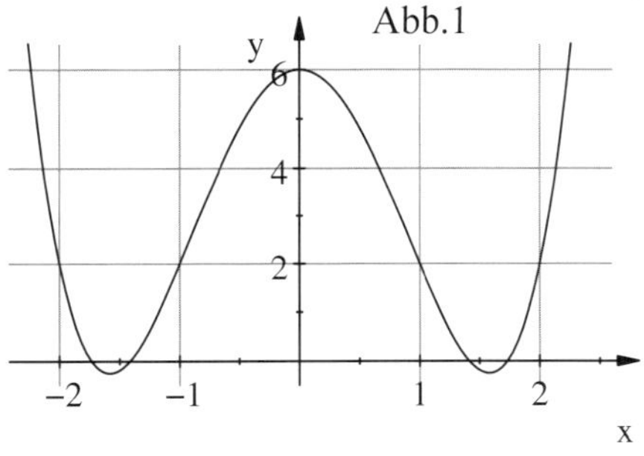

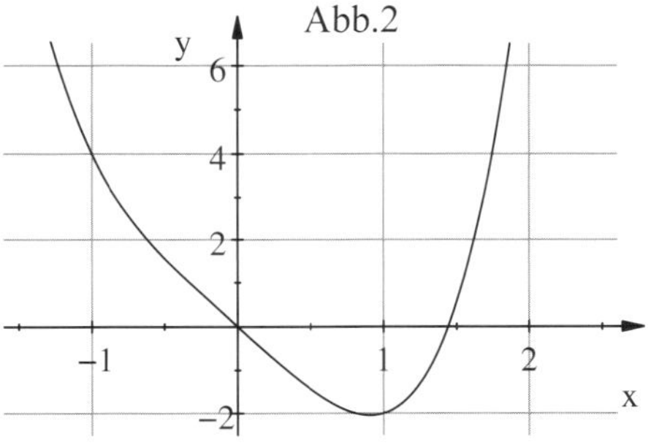

14. Vervollständigen Sie die Abbildungen 3 und 4 so, dass eine Parabel 2. Ordnung entsteht.

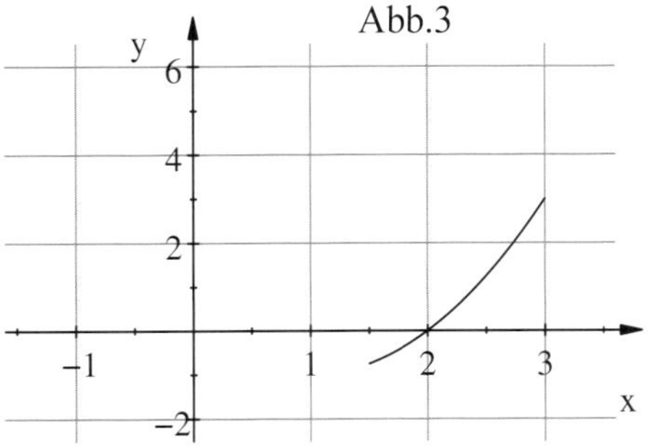

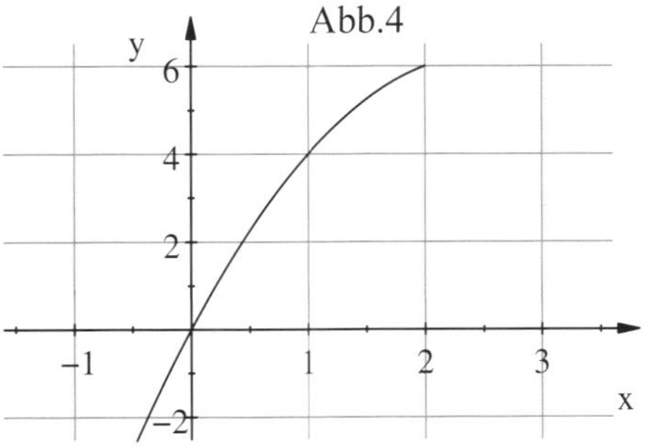

15. Im Gitternetz ist eine Parabel und eine Gerade dargestellt. Die Parabel hat ihren Scheitel auf der Geraden mit der Gleichung x = 1.
    a) Zeichnen Sie ein Koordinatensystem mit x- und y-Achse so ein, dass die Parabel die Gleichung y = (x + 1)(x −3) hat.
    b) Wie lautet dann die Gleichung der Geraden?

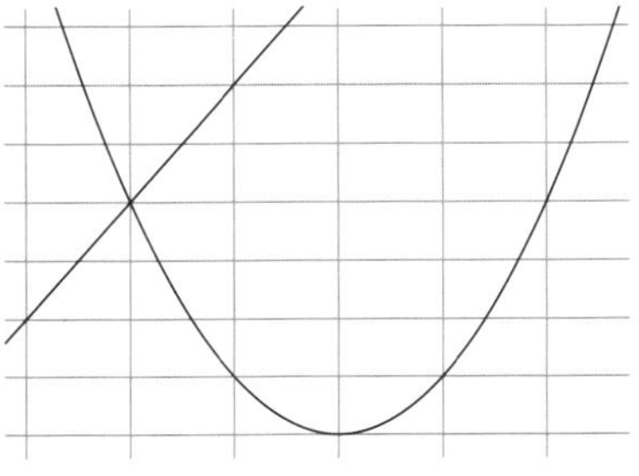

16. Die Abbildung 1 zeigt das Schaubild K einer Funktion f mit $f(x) = ax(x - b)$; $x \in \mathbf{R}$.

a) Bestimmen Sie a und b. Welche Ursprungsgerade berührt K?

b) Zeichnen Sie in die Abbildung (Abb. 1) ein

– eine Parabel, die K in $x = 4$ berührt,

– eine Parabel, die K auf der x-Achse schneidet,

– eine Gerade, die K im Ursprung berührt.

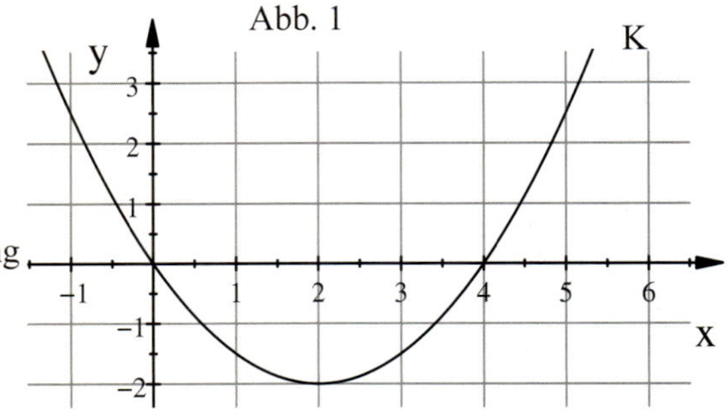

17. Die Abbildungen zeigen Parabeln, die sich durch die gegebene Gleichung beschreiben lassen. Ordnen Sie jeder Parabel einen Wert von t zu.

Abb. 2: $y = tx^2 - 1$ Abb. 3: $y = \frac{1}{2}x(x - t)$

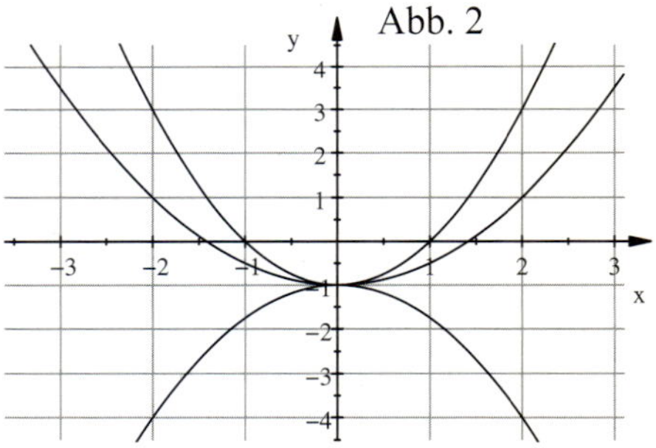

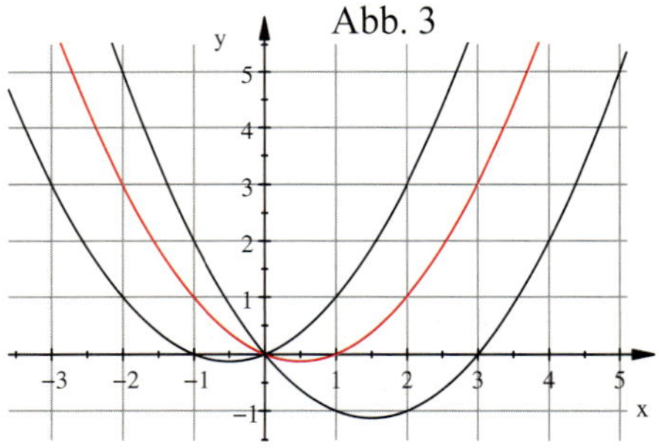

18. Die Abb. 4 zeigt eine Parabel P.

a) Zeigen Sie, die Parabel ist der Graf von f mit $f(x) = x^2 + 2x - 3$. Bestimmen Sie t so, dass die Gerade mit der Gleichung $y = 4x + t$ die Parabel berührt. Bestimmen Sie den Berührpunkt.

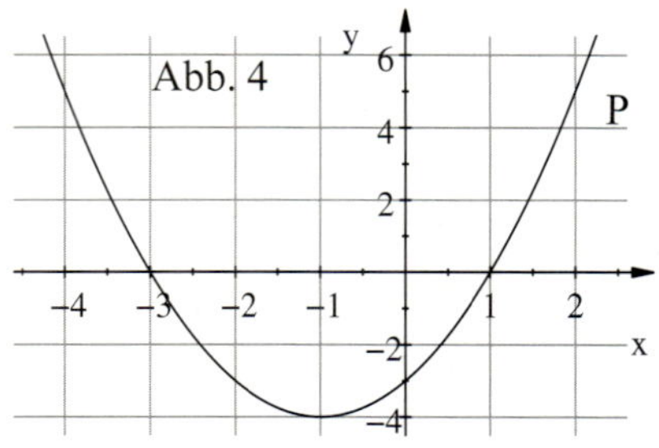

b) Zeichnen Sie in die Abb. 4 jeweils eine Parabel K ein, die aus P entsteht

– durch Spiegelung an der x-Achse

– durch Verschiebung um 2 nach oben

– durch Verschiebung um 1 nach links.

5 Modellieren und Problemlösen

Modellieren: Reale Probleme werden mithilfe der Mathematik beschrieben, ausgewertet und interpretiert.

Beispiele

1) Die Flugbahn eines Balls nach dem Abwurf lässt sich beschreiben durch die Funktion f mit $f(x) = -\frac{1}{40}x^2 + x + 2$; x und f(x) in Meter.
   a) Wie weit kann der Ball horizontal gemessen höchstens fliegen?
   b) Für welchen x-Wert erreicht der Ball den höchsten Punkt der Flugbahn? In welcher Höhe befindet er sich dann?

Lösung

Die Flugbahn wird beschrieben durch eine nach unten geöffnete Parabel.

Der Standort des Werfers liegt im Ursprung.

Der Werfer ist etwa 2 m groß.

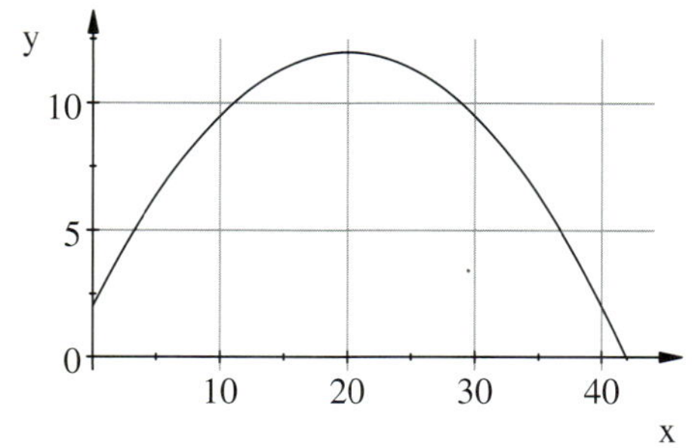

a) Die **positive Nullstelle** von f entspricht der Aufprallstelle des Balls und damit der Flugweite.

Bedingung: $f(x) = 0$ $\qquad -\frac{1}{40}x^2 + x + 2 = 0 \quad | \cdot (-40)$

$$x^2 - 40x - 80 = 0$$

Lösung mit der Formel ergibt: $\qquad x_1 \approx -1{,}9;\ x_2 \approx 41{,}9$

Der Ball fliegt etwa 41,9 m weit.

b) Der **höchste Punkt** der Flugbahn wird erreicht **im Scheitelpunkt.**

Für die x-Koordinate des Scheitels gilt: $\qquad x_S = \frac{x_1 + x_2}{2}$

Einsetzen der Nullstellen ergibt: $\qquad x_S = \frac{-1{,}9 + 41{,}9}{2} = 20$

Der y-Wert des Scheitels ist die **größte Höhe.**

Einsetzen von x = 20 ergibt: $\qquad f(20) = -\frac{1}{40}(20)^2 + 20 + 2 = 12$

Der Ball erreicht eine maximale Höhe von 12 Meter.

2) In einem Experiment wird ein Medikament verabreicht. Der folgende Auszug aus der Messtabelle zeigt die Wirkstoffkonzentration im Blut in $\frac{ng}{ml}$ (Nanogramm pro Milliliter).

Zeit t in Stunden nach Verabreichung	1,5	2,0	3,0
Konzentration c in $\frac{ng}{ml}$	40	36	30

a) Überprüfen Sie, ob die Funktion c mit $c(t) = \frac{4}{3}t^2 - \frac{38}{3}t + 56$ den Konzentrationsverlauf in den ersten drei Stunden beschreibt.

b) Wie hoch war nach diesem Modell die Konzentration zu Beginn der Messung? Um wie viel nimmt die Konzentration in den ersten 2,5 Stunden ab?

c) Nach diesem Modell sinkt die Konzentration nicht unter 25 $\frac{ng}{ml}$. Überprüfen Sie diese Behauptung. Halten Sie dieses Modell für geeignet?

Lösung

a) „Punktprobe“ in c(t) ergibt: $\frac{4}{3}(1{,}5)^2 - \frac{38}{3} \cdot 1{,}5 + 56 = 40$ wahre Aussage

$\frac{4}{3} \cdot 2^2 - \frac{38}{3} \cdot 2 + 56 = 36$ wahre Aussage

$\frac{4}{3} \cdot 3^2 - \frac{38}{3} \cdot 3 + 56 = 30$ wahre Aussage

Der Konzentrationsverlauf in den ersten drei Stunden lässt sich mit c beschreiben.

b) $c(0) = 56$

Die Konzentration zu Beginn der Messung (in $t = 0$) betrug 56 $\frac{ng}{ml}$.

$c(2{,}5) \approx 32{,}7$

Abnahme: $c(0) - c(2{,}5) = 56 - 32{,}7 = 23{,}3$

In den ersten 2,5 Stunden nimmt die Konzentration um etwa 23,3 $\frac{ng}{ml}$ ab.

c) Bedingung für einen möglichen Zeitpunkt t: $c(t) = 25$

Quadratische Gleichung: $\frac{4}{3}t^2 - \frac{38}{3}t + 56 = 25$

Nullform: $\frac{4}{3}t^2 - \frac{38}{3}t + 31 = 0 \quad | \cdot 3$

Brüche eliminieren: $4t^2 - 38t + 93 = 0$

Lösung mit Formel: $t_{1|2} = \frac{38 \pm \sqrt{38^2 - 4 \cdot 4 \cdot 93}}{8} = \frac{38 \pm \sqrt{-44}}{8}$

Wegen $D = -44 < 0$ hat die Gleichung keine Lösung. Die Konzentration von 25 $\frac{ng}{ml}$ wird nicht erreicht.

Die Funktion c ist **nicht geeignet** zur Beschreibung, da die Konzentration nicht weiter sinkt, ja sogar wieder steigt.

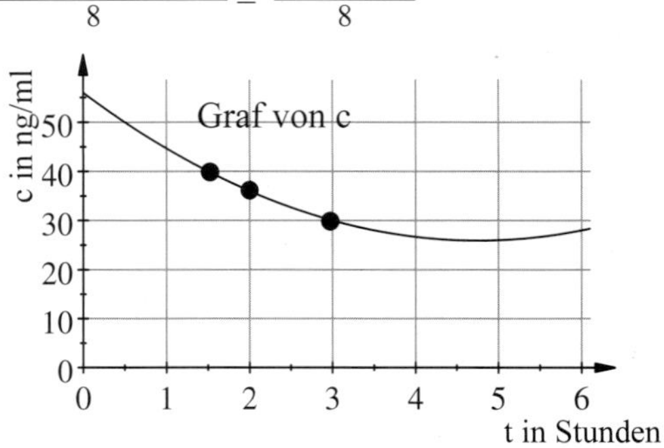

Aufgaben

1. Ein Unternehmen produziert und verkauft Ersatzteile. Der Zusammenhang zwischen der produzierten (und verkauften) Menge x und dem Gewinn y in € lässt sich beschreiben durch den Funktionsterm $G(x) = -\frac{1}{18}x^2 + \frac{100}{3}x - 3200;\ x \geq 0$.

   a) Wie viel Gewinn macht das Unternehmen, wenn es 400 Ersatzteile verkauft?

   b) Berechnen Sie für die angegebenen Werte der Wertetabelle den Gewinn.
   Was bedeuten negative Funktionswerte?

x	0	100	200	250	300	600
G(x)						

   c) Stellen Sie die Gewinnkurve grafisch dar.

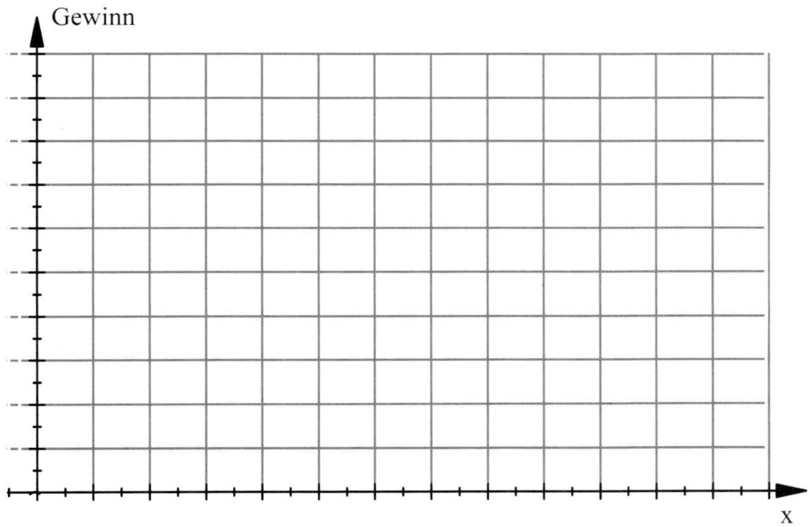

   d) Ab welcher Anzahl macht das Unternehmen Gewinn?
   Bei welcher Anzahl ist der Gewinn am größten?
   Ab welcher Anzahl macht das Unternehmen wieder Verlust?

   e) Wie viele Ersatzteile muss das Unternehmen verkaufen, um einen Gewinn von 1000 € zu erzielen?

2. Die Flugbahn eines Balls lässt sich beschreiben durch die Funktion
   f mit $f(x) = -\frac{1}{160}x^2 + \frac{1}{2}x$; $x \geq 0$; x und f(x) in Meter.
   a) Wie hoch ist der Ball nach einem Meter Flug horizontal gemessen?
   b) Für welche x-Werte erreicht der Ball eine Höhe von 2 m?
   c) Wie weit kann der Ball horizontal gemessen höchstens fliegen?
   d) Für welchen x-Wert erreicht der Ball den höchsten Punkt der Flugbahn? In welcher Höhe befindet er sich dann?
   e) Ein 1,90 m großer Spieler steht in 9 m Entfernung. Kann er den Ball abwehren?
3. Die S-Bahn fährt in 15 Sekunden mit konstanter Geschwindigkeit an einem Lichtmast vorbei. Diese S-Bahn braucht 45 Sekunden für die vollständige Durchfahrt eines 400 m langen Stadttunnels. Wie schnell und wie lang ist die S-Bahn?
4. Mit einem 100 m langen Zaun soll ein möglichst großer rechteckiger Hühnerhof abgesteckt werden. Lösen Sie, indem Sie einen Term für den Flächeninhalt aufstellen. Welches Bild gehört zu dieser Aufgabe? Begründen Sie Ihre Antwort.

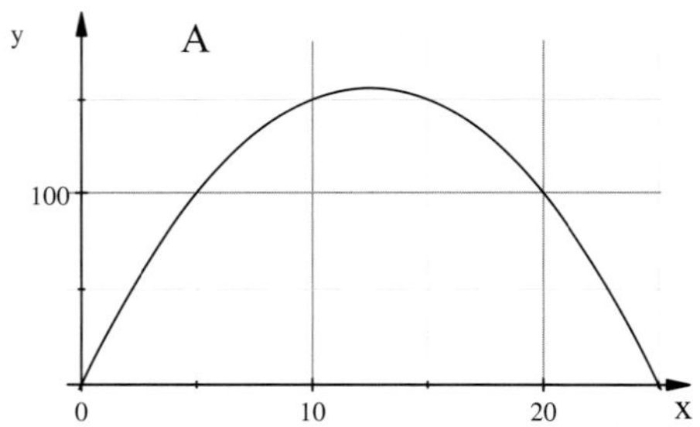

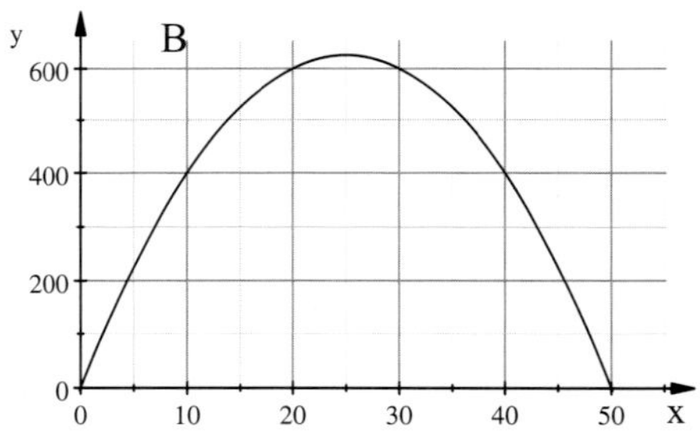

5. Teewasser wird gekocht und kühlt langsam ab bei einer Umgebungstemperatur von 20 °.
   Der Abkühlvorgang wird beschrieben durch die quadratische Funktion f mit
   $f(t) = \frac{3}{80}t^2 - 3t + 80$.
   Dabei ist t die Zeit in Minuten nach Messbeginn, f(t) ist die Temperatur zur Zeit t.
   a) Wie hoch war die Temperatur zu Messbeginn?
   b) Um wie viel Grad nimmt die Temperatur in den ersten 10 Minuten ab?
   c) Erreicht die Temperatur die Umgebungstemperatur? Wenn ja, wann?
   d) Ist das Modell geeignet zur Beschreibung des Abkühlvorgangs?
6. Bei einem Springbrunnen ist die Wasserdüse in Bodenhöhe angebracht.
   Der Wasserstrahl hat die Form einer Parabel mit der Gleichung $y = -\frac{1}{4}x^2 + 2x$.
   a) Zeichnen Sie die Parabel in ein Koordinatensystem. Der Wasserstrahl beginnt im Ursprung des Koordinatensystems.
   b) Welche maximale Höhe erreicht das Wasser?

7. Bei einem Versuch wurden eine Stumpenkerze, eine Kegelkerze und eine Kugelkerze abgebrannt. Während des Versuches wurde zu verschiedenen Zeitpunkten die Höhe der Kerzen gemessen. Für den Verlauf der Kerzenhöhe in Abhängigkeit von der Zeit ergaben sich folgende Schaubilder:

Stumpenkerze Kegelkerze Kugelkerze

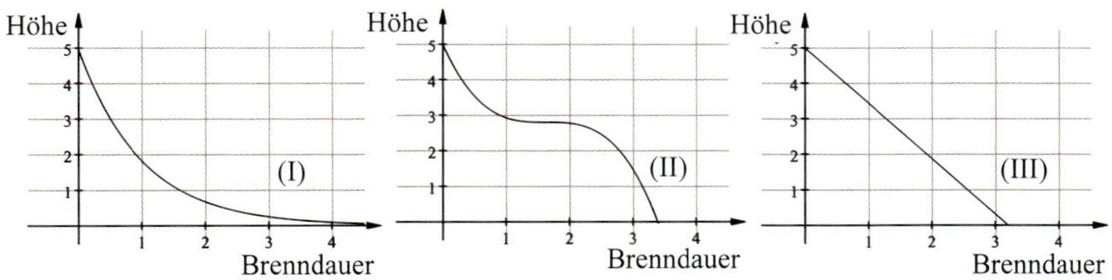

Ordnen Sie jeder Kerze das zugehörige Schaubild zu und begründen Sie Ihre Wahl. (Aus einer Prüfungsaufgabe.)

8. Ein Designer entwirft eine Glasschale. Ihr Querschnitt wird begrenzt von zwei Parabeln P_1 und P_2 und der x-Achse. P_1 ist der Graf der Funktion f_1 mit $f_1(x) = 0{,}08x^2 + 1$. P_2 ist der Graf der Funktion f_2 mit $f_2(x) = 0{,}10x^2 - 1$.

Die Abbildung zeigt die untere Randkurve. Eine Längeneinheit entspricht 1 cm.

a) Zeichnen Sie die zweite Parabel in die Abbildung ein und kennzeichnen Sie den Querschnitt.

b) Wie groß ist die Standfläche dieser Glasschale?

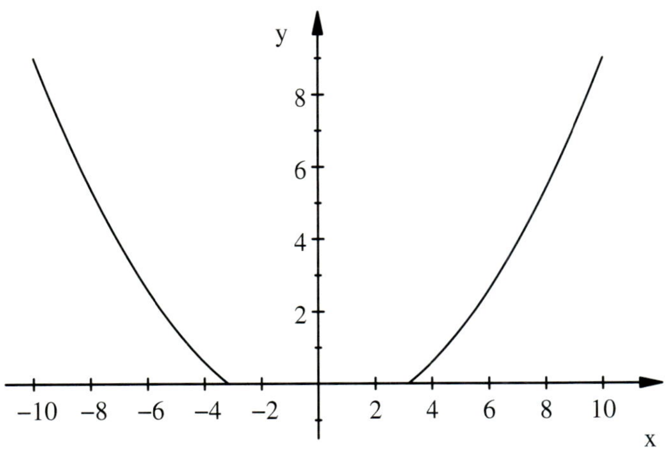

9. Bei einer U-Bahn werden Messungen zur Fahrstrecke s in Abhängigkeit von der Zeit t durchgeführt. Dabei ergab sich für eine Fahrt zwischen zwei Haltestellen der folgende Zusammenhang:

$$s(t) = \begin{cases} 0{,}5t^2 & 0 \leq t \leq 12 \\ 0{,}25t^2 + 6t - 36 & 12 < t \leq 30 \\ 21t - 261 & 30 < t \leq 40 \\ -0{,}5t^2 + 61t - 1061 & 40 < t \leq 61 \end{cases}$$

t ist die Zeit in Sekunden; s(t) gibt die bis zum Zeitpunkt t zurückgelegte Fahrstrecke in Meter an.

In der folgenden Abbildung ist das Schaubild der Funktion s dargestellt. Beschriften Sie die Achsen und markieren Sie die einzelnen Zeitabschnitte.

Wie weit sind die Haltestellen voneinander entfernt?

Berechnen Sie für jeden Zeitabschnitt die zurückgelegte Fahrstrecke.

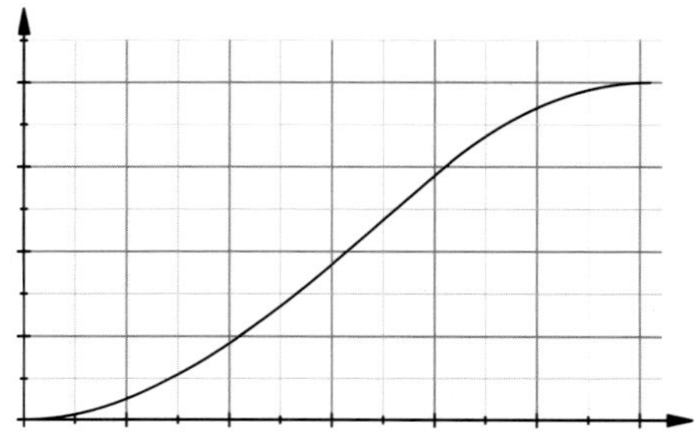

10. Als Parabelflug wird ein besonderes Flugmanöver bezeichnet, das in drei Phasen eingeteilt werden kann. Während Phase 2 wird innerhalb des Flugzeugs annähernd Schwerelosigkeit erzeugt.

Das Diagramm zeigt die Flughöhe h in Meter in Abhängigkeit von der Zeit t in Sekunden.

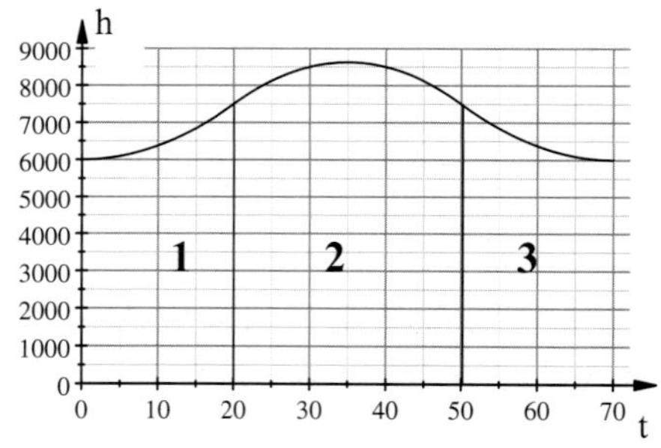

a) Beschreiben Sie den Verlauf des Flugmanövers.

b) Modellieren Sie Phase 1 durch eine quadratische Funktion.

c) Ein Flugzeug führt 30 der oben dargestellten Parabelflüge durch. Zwischen zwei Parabelflügen vergehen jeweils 30 Sekunden, vor dem ersten und nach dem letzten jeweils 5 Minuten.

Wie viel Prozent der gesamten Flugdauer befinden sich die Passagiere im annähernd schwerelosen Zustand?

11. Samstag Abend, 18.00 Uhr. Herr M. möchte baden und lässt daher Badewasser ein. Das folgende Diagramm zeigt in guter Näherung das Volumen V(t) des in der Badewanne befindlichen Wassers in Abhängigkeit von der Zeit t (gemessen in Minuten).

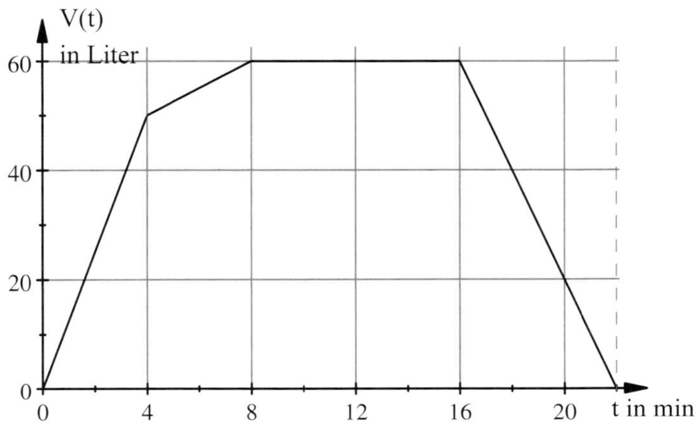

a) Beschreiben Sie den Ihrer Meinung nach aus dem Diagramm hervorgehenden Vorgang. Zu welchem Zeitpunkt könnte Herr M. in die Wanne gestiegen sein, wann verließ er sie wahrscheinlich wieder?

b) Beschreiben Sie den in der Abbildung dargestellten Gesamtvorgang mithilfe einer abschnittsweise definierten Funktion.

c) Wie groß ist die maximale „Einlaufgeschwindigkeit“ und die maximale „Auslaufgeschwindigkeit“? Begründen Sie Ihre Antwort.

(Aus: Weiterentwicklung der Aufgabenkultur.)

12. Hans braucht für seinen Weg in die Sporthalle 30 Minuten. Karl benötigt für denselben Weg 40 Minuten. Wenn Hans 5 Minuten nach Karl losgeht, hat er Karl bald eingeholt. Wann ist dies der Fall?

13. Bei einem Versuch wird an einer brennenden zylindrischen Kerze in unregelmäßigen Abständen die Höhe der Kerze gemessen:

Zeit in Stunden	0,75	1	2,5	3,75	5
Höhe in cm	13,2	12,6	9	6	3

Stellen Sie die Messwerte in einem Koordinatensystem dar.

Lässt sich aus der Zeichnung bestätigen, dass die Kerze gleichmäßig abbrennt?

Wie hoch war die Kerze zu Beginn des Versuchs, nach welcher Zeit ist sie nur noch halb so hoch?

Nach welcher Zeit sind 60 % der Kerze abgebrannt? Berechnen Sie diesen Zeitpunkt.

Stichwortverzeichnis

6 Lösungen

Seite 10

1. a) Menge aller Teiler von 12: {1; 2; 3; 4; 6; 12}
   b) Menge aller Quadratzahlen, die kleiner als 90 sind: {1; 4; 9; 16; 25; 36; 49; 64; 81}

2. a) A = {2; 4; 6; 8; 10; 12; 14; ...}; Die Elemente der Menge A sind gerade Zahlen.
   b) $A = \{1; \frac{1}{2}; \frac{1}{3}; \frac{1}{4}; \frac{1}{6}; \frac{1}{7}; \frac{1}{8}; \frac{1}{9}; ...\}$; Die Elemente der Menge A sind Brüche mit Zähler 1.
   c) $A = \{0; \frac{1}{2}; \frac{2}{3}; \frac{3}{4}; \frac{4}{5}; \frac{5}{6}; \frac{6}{7}; ...\}$; Brüche; Der Nenner ist um 1 größer als der Zähler.

3. a) $B = \{x \in \mathbf{Q} \mid 0 < x < 1\} = \{\frac{1}{2}; \frac{1}{3}; \frac{3}{4}; \frac{7}{8}; ...\}$; $\sqrt{0{,}5}$ oder $\frac{\pi}{6} \notin B$.
   b) $B = \{x \in \mathbf{Z} \mid -10 < x < -5\} = \{-9; -8; -7; -6; ...\}$; $-8{,}5 \notin B$.

4.

	N	**Z**	**Q**	**R**
12,5	$\notin$	$\notin$	$\in$	$\in$
-4	$\notin$	$\in$	$\in$	$\in$
$\frac{2}{7}$	$\notin$	$\notin$	$\in$	$\in$
$-28{,}352$	$\notin$	$\notin$	$\in$	$\in$
$\sqrt{19}$	$\notin$	$\notin$	$\notin$	$\in$
$\sqrt{-4}$	$\notin$	$\notin$	$\notin$	$\notin$
14^2	$\in$	$\in$	$\in$	$\in$
2π	$\notin$	$\notin$	$\notin$	$\in$
$3\frac{1}{5}$	$\notin$	$\notin$	$\in$	$\in$
$\sqrt{\frac{256}{16}}$	$\in$	$\in$	$\in$	$\in$

Seite 11

1. a) A = [0; 6]

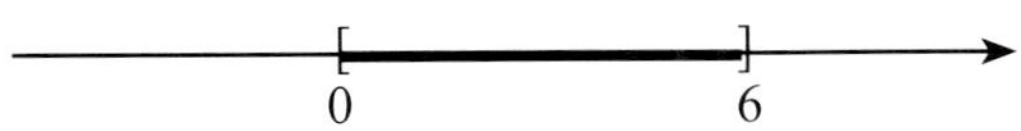

   b) B =]– 1; 9 [

   c) C = [–1,5; 1]

   d) D =]– ∞; 2,25]

2. a) A: alle reellen Zahlen kleiner oder gleich 4,2
   b) B: alle reellen Zahlen größer oder gleich – 3 und kleiner 3
   c) C: alle reellen Zahlen größer oder gleich 0,5
   d) D: alle reellen Zahlen größer oder gleich – 6 oder kleiner oder gleich 2

Seite 11

3. a) $[-1; 0] = \{x \in \mathbf{R} \mid -1 \leq x \leq 0\}$ b) $]-\infty; 0] = \{x \in \mathbf{R} \mid x \leq 0\} = \mathbf{R}_-$

c) $]2; 12[= \{x \in \mathbf{R} \mid 2 < x < 12\}$ d) $[-5; \infty[= \{x \in \mathbf{R} \mid x \geq -5\}$

4. a) $]-\infty; -1{,}5[= \{x \in \mathbf{R} \mid x < -1{,}5\}$ b) $]-3; 2{,}5[= \{x \in \mathbf{R} \mid -3 < x < 2{,}5\}$

c) $[-4; 8] = \{x \in \mathbf{R} \mid -4 \leq x \leq 8\}$ d) $[-2; 0[= \{x \in \mathbf{R} \mid -2 \leq x < 0\}$

Seite 13

1.

	Summe	Differenz	Produkt	Quotient
a) 14; 22	36	– 8	308	$\frac{7}{11}$
b) 3,5; 2,5	6	1	8,75	$\frac{7}{5}$
c) $\frac{3}{4}; \frac{5}{8}$	$\frac{11}{8}$	$\frac{1}{8}$	$\frac{15}{32}$	$\frac{6}{5}$

2. a) $3^4 = 3 \cdot 3 \cdot 3 \cdot 3$ b) $4(\pi + 1)$ c) $11{,}5x$

3. a) $\frac{156}{9} = \frac{52}{3}$ b) $\frac{24}{176} = \frac{3}{22}$ c) $\frac{102}{60} = \frac{17}{10}$

4. a) $\frac{1}{5}$ b) $\frac{10}{23}$ c) $\frac{7}{3}$ d) $\frac{2}{11}$ e) $\frac{3}{a}$

5. a) $\frac{13}{21}$ b) $\frac{18}{5}$ c) $\frac{31}{6}$ d) $\frac{50}{17}$

6. a) 3 b) $6\sqrt{2}$ c) $a\sqrt{a}$ d) $\sqrt{2}$

7. a) 15,3 b) 66 c) 24 d) 1,002 e) – 150

f) 96 g) $\frac{81}{121}$ h) $\frac{3}{8}$ i) – 3,12

8.

x	y	x + 2y	x – 2y	1,2(x – y)	$(x + y)^2$	$\frac{1}{x} + \frac{1}{y}$	$\frac{1}{2}x^2$	x · y	$-1 - y^2$
3	5	13	– 7	– 2,4	64	$\frac{8}{15}$	4,5	15	– 26
–2	–6	– 14	10	4,8	64	$-\frac{2}{3}$	2	12	– 37
– 4	3	2	– 10	– 8,4	1	$\frac{1}{12}$	8	– 12	–10
0	– 12	– 24	24	14,4	144	n. d.	0	0	–145
10	– 5	0	20	18	25	$-\frac{1}{10}$	50	– 50	– 26
2	2	6	–2	0	16	1	2	4	– 5
$\frac{1}{2}$	$\frac{1}{4}$	1	0	$\frac{1}{2}$	$\frac{9}{16}$	6	$\frac{1}{8}$	$\frac{1}{8}$	$-\frac{17}{16}$
5	$\frac{1}{5}$	5,4	4,6	5,76	27,04	5,2	12,5	1	$-\frac{26}{25}$
– 0,2	1,4	2,6	– 3	– 1,92	1,44	$-\frac{30}{7}$	0,02	– 0,28	– 2,96
0,6	– 3	– 5,4	6,6	4,32	5,76	$\frac{4}{3}$	0,18	– 1,8	– 10
a	2a	5a	– 3a	– 1,2a	$9a^2$	$\frac{3}{2a}$	$\frac{1}{2}a^2$	$2a^2$	$-1 - 4a^2$
$-\frac{3}{4}$	$-\frac{2}{3}$	$-\frac{25}{12}$	$\frac{7}{12}$	$-\frac{1}{10}$	$\frac{289}{144}$	$-\frac{17}{6}$	$\frac{9}{32}$	$\frac{1}{2}$	$-\frac{13}{9}$

Seite 14

1. a) $16a + 4x$ b) $32ax$ c) $16ab$ d) $-5x^2 + 7x - 6$
   e) $8{,}5x^2 + x + 1$ f) $20x^3 - 65x^2 + x$ g) $4{,}08x$
   h) $\frac{1}{2} - \frac{13}{4}a^2$ i) $\frac{1}{5}x - 15ax$ j) $\frac{3}{2}[-5x + 42]$

2. a) $x^2 - 7x + 10$ b) $\frac{2}{3}(x^2 + x - 6)$ c) $\frac{1}{2}(x^2 - 25)$
   d) $\frac{3}{2}(x^2 + 8x + 16)$ e) $16 - 16x + 4x^2$ f) $2x^2 - 6x - 20$

Seite 15

a) $-\frac{5}{6}$ b) $\frac{9}{2}$ c) $-\frac{1}{42}$
d) $-\frac{13}{6}x$ e) $\frac{9}{40}x$ f) $-\frac{3}{2a}$
g) $\frac{13}{2x}$ h) $-\frac{9}{2x^2}$ i) $8a$
j) $\frac{4}{15}$ k) $\frac{5}{3}$ l) $\frac{9}{4t^3}$

Seite 16

1. a) $(6x - 4)$ b) $(5a - 3b)$ c) $1 - 2y$
   d) $x(ax - 8)$ e) $(1 + \frac{3}{4}a)$ f) $(5 - 3b - a)$
2. a) $\frac{1}{4}x - \frac{1}{4}$ b) $-4tx + 4t$ c) $-x \cdot t + 4t$
   d) $-\frac{3}{5}x + \frac{9}{5}$ e) $-5 \cdot x + 15$ f) $\frac{x - 3y}{5}$
   g) $5 - x$ h) $-\frac{8}{3}x + \frac{10}{3}$ i) $-8x + 2$

Seite 17

a) $(x + 5)^2$ b) $4(x - 1)^2$ c) $\frac{1}{2}(x - 1)^2$
d) $(a - 7)^2$ e) $(x + 5)(x + 2)$ f) $-(x - 3)^2$
g) $(k + 5)(k + 1)$ h) $\frac{1}{4}(x - 6)^2$ i) $(u - 8)(u + 1)$
j) $\frac{1}{3}(x - 5)(x - 1)$ k) $(2t - 1)^2$ l) $(5x - 3)(5x + 3)$

Seite 18

1. a) $2x^6$ b) $4x^6 - 20x^3$ c) $\frac{1}{64}x^6$ d) $\frac{16}{81}x^4$
   e) $9x^2$ f) $\frac{x^4}{3}$ g) $2 \cdot 5^4 = 1250$ h) $-\frac{64}{343}x^3$
   i) $\frac{1}{5}a^5$ j) $\frac{3}{2}a$ k) $16x^4$ l) $-1{,}57625$

2. a) $6\,100000$ b) $\frac{4}{1000}$ c) $0{,}00003$ d) 1250

Seite 19

1. a) Produkt, Summanden b) Summe, Potenzen, Hochzahl

   c) Bruchterm, Nenner, Differenz

2. Einsetzen ergibt – 54. Addition von 114 ergibt 60.

   $(a - 4 \cdot (3b - 2c)) \cdot 2 + 114$

3. Produkt mit drei Faktoren → $a \cdot (b - c) \cdot d$

   $a \cdot b + c$

   $a \cdot (b - c) \cdot d$

   $b + a \cdot c + d$

4. $\frac{1}{7a}$; 1; $\frac{1}{a^2}$; $\frac{4}{5}$; 1

5. $-\frac{x^2}{2} < 0$ (Z. B. für $x = 2$ ist der Wert des Terms gleich – 2.)

   $\left(-\frac{x}{2}\right)^2 > 0$ (Z. B. für $x = 2$ ist der Wert des Terms gleich 1.)

6. $x^2 - bx + c$ und $(x - \frac{b}{2})^2 - \frac{b^2 - 4c}{4}$ sind gleich:

   $(x - \frac{b}{2})^2 - \frac{b^2 - 4c}{4} = x^2 - bx + \frac{b^2}{4} - \frac{b^2}{4} + c = x^2 - bx + c$

7. $-3(4x + y^2)^2 = -3(16x^2 + \mathbf{8xy^2} + y^4)$ Klammer falsch ausmultipliziert.

8. a) 81 b) 25

9. a) $x^2 + \boxed{6}\,x + 9 = (x + \boxed{3})^2$ b) $x^2 - x - \boxed{20} = (x - \boxed{5})(x + 4)$

   c) $x^2 - 8x + \boxed{16} = (x - \boxed{4})^2$ d) $x^2 - \boxed{5}\,x + 6 = (x - \boxed{2})(x - 3)$

   e) $x^2 + \boxed{3}\,x + 2{,}25 = (x + \boxed{1{,}5})^2$ f) $x^2 - \boxed{16} = (x - \boxed{4})(x + 4)$

Seite 20

10. a) $\frac{7}{2} - 5x$ b) $x - 4y + 3$ c) $-0{,}25$ d) $6 - \frac{11}{12}x$

    e) $-\frac{x}{4}$ f) $-\frac{3}{8}$ g) $10x - 2{,}5$ h) $-\frac{x}{3} + \frac{3}{2}$

    i) $-5x^2 + \frac{34}{3}x - \frac{8}{3}$ j) $-3x^2 + 10x - 11$ k) $-5x^2 - 10x + 41$ l) $x^3 - 6x^2 + 12x - 8$

11. a) $\frac{1}{2}a^4 + 3a^3$ b) $25\sqrt{5}$ c) $\frac{11}{3a^2}$ d) $0{,}05\sqrt{3}$ e) $-\frac{a}{6} + \frac{a^4}{6} + \frac{a^2}{2}$ f) $a^2 + a + \sqrt{a}$

12. $\frac{1}{\frac{p}{q}} = \frac{p}{q} \neq \frac{\frac{1}{p}}{q} = \frac{1}{pq}$ Bemerkung: Für $p = q = 1$ haben sie den gleichen Wert.

13. a) $b = -2230$

    b) $c = \frac{2}{3} \cdot \frac{a - b}{d} \Leftrightarrow a = 3\frac{cd}{2} + b$ bzw. $b = a - 3\frac{cd}{2}$ bzw. $d = \frac{2(a - b)}{3c}$

Seite 20

14. 0

15. a) $\frac{3}{4} < \frac{4}{5}$ b) $\frac{6}{5} > \frac{19}{20}$ c) $\frac{5}{7} < \frac{61}{84}$ d) $\frac{3}{8} \cdot \frac{4}{5} - \frac{1}{5} = \frac{1}{10}$

16. a) $-\frac{32}{3}$ b) -12 c) $\frac{11}{6}$ d) $\frac{64}{9}$

e) 4 f) $\sqrt{8}$ g) $\frac{256}{9}$ h) 9

i) $\frac{124}{3}$ j) $-\frac{1}{2}$ k) 24 l) $\frac{392}{9}$

17. $-2{,}1 < -\frac{16}{9} < -\frac{9}{8} < -1 < \frac{3}{4} < 0{,}76 < 1{,}3 < \frac{28}{20} < 1{,}45 < \frac{29}{15}$

18. a) $A = \frac{a+c}{2} \cdot h;\ h = \frac{2A}{a+c};\ a = \frac{2A}{h} - c;\ c = \frac{2A}{h} - a$

b) $V = \frac{1}{3}Gh;\ G = \frac{3V}{h};\ h = \frac{3V}{G}$

c) $O = 2\pi r^2 + 2\pi rh = 2\pi r(r + h);\ h = \frac{O}{2\pi r} - r;$

Auflösen nach r: $O = 2\pi(r^2 + rh) = 2\pi(r^2 + rh + \frac{1}{4}h^2 - \frac{1}{4}h^2) = 2\pi[(r + \frac{h}{2})^2 - \frac{1}{4}h^2]$

$(r + \frac{h}{2})^2 = \frac{O}{2\pi} + \frac{1}{4}h^2 \Rightarrow r = \sqrt{\frac{O}{2\pi} + \frac{1}{4}h^2} - \frac{h}{2};\ r > 0$

Seite 22

1. a) $x = -5$ b) $x = -\frac{28}{5}$ c) $x = 4$ d) $x = -4$

e) $x = -\frac{5}{3}$ f) $x = \frac{13}{6}$ g) $x = \frac{5}{3}$ h) $x = \frac{1}{9}$

i) $x = \frac{14}{3}$ j) $x = 2$ k) $x = \frac{19}{3}$ l) $x = \frac{9}{8}$

m) $x = \frac{28}{15}$ n) $x = 1$ o) $x = \frac{19}{23}$ p) $x = \frac{3}{2}$

q) $a = -\frac{5}{7}$ r) $u = -21$ s) $a = 9$ t) $u = \frac{1}{7}$

2. a) $]\frac{3}{2}; \infty[$ b) $]-\infty; 36]$ c) $]-6; \infty[$ d) $]5; \infty[$

e) $]-\infty; \frac{12}{5}[$ f) $]-\infty; 96]$

3. a) $x = -7t$ b) $x = \frac{16}{33}t$ c) $x = -4t$ d) $x = \frac{6}{t}$

e) $x = -\frac{5t}{t-2}$ f) $x = \frac{-3t-1}{t}$ g) $x = 3t$ h) $x = \frac{1}{t}$

4. a) $x = -\frac{6a}{1+4a}$ b) $x = -4$ c) $x = \frac{7-7b}{4a}$ d) $x = \frac{-8}{2{,}5a - 9 - 1{,}2b}$

Seite 23

a) $(\frac{2}{17}; \frac{9}{17})$ b) $(-0{,}4; 1{,}2)$ c) $(-8{,}75; 2{,}25)$ d) $(\frac{8}{3}; \frac{2}{3})$

e) $(-3; -2)$ f) $(\frac{8}{7}; \frac{9}{7})$

5 Ott, Deusch ISBN 978-3-8120-0033-8

Seite 24

1. a) $\mathbf{R}\setminus\{7\}$ b) $\mathbf{R}\setminus\{0; -1\}$ c) $\mathbf{R}\setminus\{-\frac{1}{2}\}$ d) $[2; \infty[$

   e) $\mathbf{R}_+^*$ f) $\mathbf{R}_+^*$

2. a) $x = \frac{1}{4}$ b) $x = \frac{36}{19}$ c) $x = 8$ d) $x = 1$

   e) keine Lösung f) $a = \frac{1}{2}$

3.

Gleichung	**N**	**Z**	**Q**	$\mathbf{R}_+$
$x - 3 = 6$	9	9	9	9
$2x + 10 = 4$		– 3	– 3	
$0{,}2x - 1 = 0{,}3$			6,5	6,5
$x^2 = 2$				$\sqrt{2}$
$8x = 0$	0	0	0	0
$\frac{2}{x} + \frac{1}{x} = -3$		– 1	– 1	
$x + 3 > 0$	$x \in \mathbf{N}$	– 2; – 1; 0; 1; 2; ...	$x \in \mathbf{Q} \wedge x > -3$	$x \in \mathbf{R}_+$

4. $\frac{4}{x} < 1$; Für $x > 0$: $x > 4$ Für $x < 0$: $\frac{4}{x} < 1$ wahre Aussage $L = \{x \mid x < 0 \vee x > 4\}$

5. a) $x = \frac{7}{4 - 3a}$ b) $x = \frac{-7}{7 + a}$ c) $x = \frac{1}{a^2}$

Seite 26

1. a) –4,61; 2,61 b) –7,36; 1,36 c) 3

   d) D < 0; keine Lösung e) D < 0; keine Lösung f) 0; 6

   g) $-\frac{8}{3}$; 1 h) –1; 5 i) D < 0; keine Lösung

   j) –2,73; 0,73 k) – 1,5; – 3,5 l) – 1,85; 1,35

   m) 4,65; – 0,65 n) $\pm\sqrt{2}$ o) D < 0; keine Lösung

2. a) –6; 4 b) – 8,90; 0,90 c) D < 0; keine Lösung

   d) – 1; 2 e) 0,21; 4,79 f) – 1,59; – 4,41

Seite 28

1. a) – 3; 0 | b) 0; $\frac{1}{4}$ | c) 0; $\frac{3}{2}$
   d) – 0,4; 0 | e) 0; 7 | f) – 1; 0
   g) 0; 8t | h) 0; t | i) 0; t^2
   j) 0; 4 | k) – 0,4; 0 | l) 0; $\frac{a}{2}$
   m) 0; 8 | n) $\frac{t-1}{4}$; 0 | o) 0; 0,2
   p) 0; – 4 | q) – 1,5; 1 | r) 0; $\frac{5}{2}$
   s) keine Lösung | t) – 3,37; 2,37 | u) – 4; – 5

2. a) – 4; 5 | b) – 3,5; $\frac{1}{4}$ | c) – t; 2t
   d) – 4 | e) 7 | f) 2; 0
   g) 6 | h) –1; 3 | i) – 4; 3
   j) 10; 6 | k) 0,27; 3,73 | l) – 1,62; 0,62

3. a) $\pm\sqrt{2}$ | b) $\pm\sqrt{5}$ | c) $\pm 0{,}91$
   d) $\pm\sqrt{3}$ | e) $\pm\sqrt{18}$ | f) 0
   g) 0 | h) keine Lösung | i) keine Lösung
   j) $\pm t\sqrt{2}$ | k) $\pm\frac{a}{\sqrt{2}}$ | l) 0

4. $a \geq 0$

Seite 30

1.

Gleichung	a	b	c
$3x^2 + 4x - 12 = 0$	3	4	– 12
$x^2 + 2x - 6 = 0$	1	2	– 6
$-\frac{1}{6}x^2 + x = 0$	$-\frac{1}{6}$	1	0
$\frac{1}{2}(x^2 + 2x - 7) = 0$	$\frac{1}{2}$	1	$-\frac{7}{2}$
$-x^2 + 2 = 0$	– 1	0	2
$x^2 + 2x - 2 = x - 4 \Leftrightarrow x^2 + x + 2 = 0$	1	1	2
$-2x^2 - x + 1 = 0$	– 2	– 1	1

2. a) –1; 11 | b) – 2; $-\frac{2}{3}$ | c) – 5; 0
   d) 0; 4 | e) 0; 24 | f) 0; – 2t
   g) $2t^2$; 0 | h) 0,5a | i) $\pm\sqrt{t} + 1$

Seite 30

3. a) $0; \frac{8}{5}$ b) $0; 9$ c) $0; -\frac{6}{7}$

   d) $0; 16a$ e) $0; \frac{1}{a}$ f) $0; \frac{1}{3}$

   g) $0; 3$ h) $\pm 1 + a$ i) $0; -2$

4. Für $a = 1$ ist $x = -1$ doppelte Lösung.

5. a) $0 ; 5$ b) $-7; \frac{1}{2}$ c) $-0{,}73; 2{,}73$

6. a) $D = 4 + 4a = 0$ für $a = -1$.

   b) $a(x^2 + x - 1) = 0$; $D = 5 > 0$; Für alle $a \neq 0$ zwei Lösungen, es gibt also kein a.

   c) $x = \frac{a-2}{2}$; Für alle $a \neq -2$ gibt es eine Lösung.

7. Division beider Seiten durch x ist keine Äquivalenzumformung. $x = 0$ ist auch Lösung.

8. a) $x^2 - 1 = 0$ b) $x^2 - 5x = 0$ c) $(x + 3)^2 = 0$

   d) $x^2 + 1 = 0$

9. $\frac{1}{4}x^2 - \frac{1}{8}x - \frac{1}{8} = 0 \iff 2x^2 - x - 1 = 0 \iff x_1 = 1; x_2 = -0{,}5$

   b) $L = \{1\}$ ist die richtige Lösungsmenge.

Seite 31

1. a) bis c)

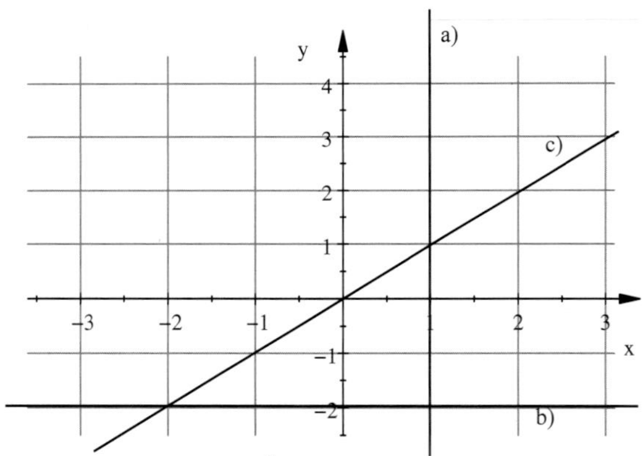

   d)

   e) Kreis um O

   mit Radius 1

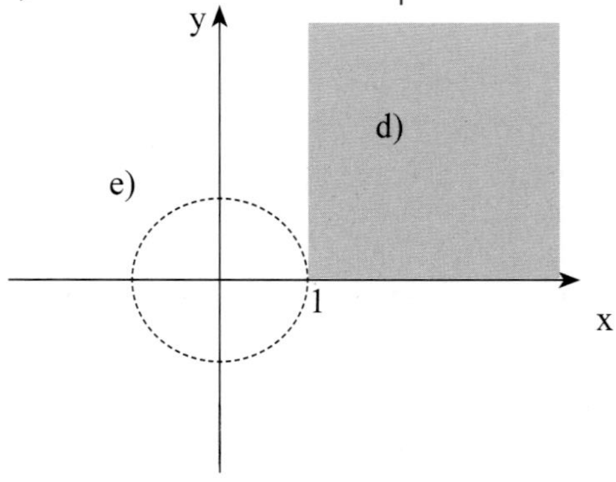

Seite 32

2. a) $\overline{AB} = 3{,}5$; $\overline{EF} = \sqrt{4^2 + 3^2} = 5$
   b) $\overline{CD} = 6$
   c) $P_1(1 \mid -0{,}5)$; $P_2(3 \mid -0{,}2)$; $P_3(0{,}5 \mid -0{,}5)$
   d) $D^*(3 \mid 0)$;
      $D^{**}(-1 \mid 1)$ im 2. Feld; $D^{***}(3 \mid 3)$ im 1. Feld
3. Flächeninhalt
   $A = 4 \cdot 4 - 1 - \frac{1}{2}(3 \cdot 1 + 2 \cdot 1 + 4 \cdot 1)$
   $A = 10{,}5$

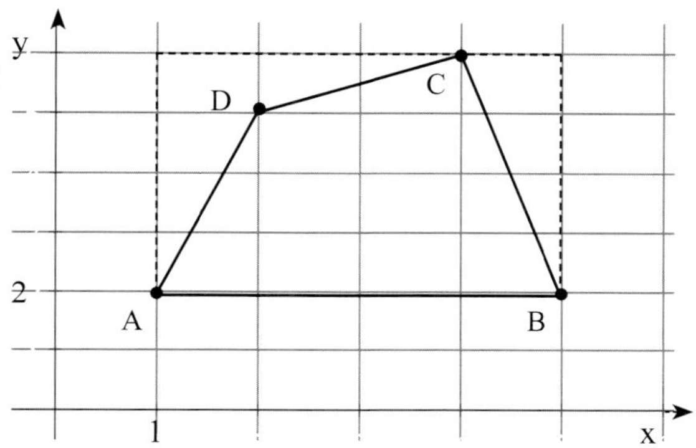

Seite 35

1. K schneidet die Koordinatenachsen in $(0 \mid 3{,}5)$ und in $(\pm 2 \mid 0)$ bzw. $(\pm 1 \mid 0)$
   Bedingung: $f(x) = 0$ bzw. $f(0)$
   $A(0{,}5 \mid 2{,}6)$ bzw. $B(1{,}6 \mid -2)$
   $P(2{,}5 \mid 4)$ ist kein Kurvenpunkt: $f(2{,}5) > 4$
   Wertebereich $W = [-2; \infty[$

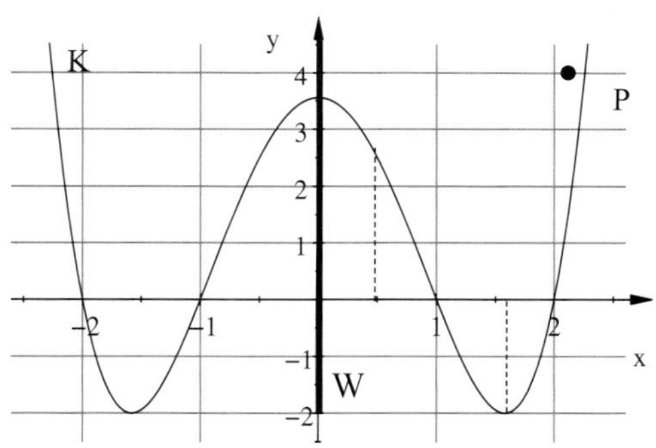

2. $f(x) = -x^2 + 3x + 1$; $x \in \mathbf{R}$
   $f(-2) = -9$; $f(\frac{3}{4}) = 2{,}6875$
   $f(x) = 1$ für $x = 0$ bzw. $x = 3$
   $P(1{,}5 \mid 3{,}2)$ liegt nicht auf dem Schaubild der Funktion, da $f(1{,}5) = 3{,}25$

3. a) ist die Wertetabelle zu einer Funktion. Jedem x-Wert wird genau ein y-Wert zugeordnet.
   b) ist nicht die Wertetabelle zu einer Funktion.
      Dem x-Wert 3 werden zwei y-Werte zugeordnet.

Seite 35

4. Definitionsbereich D = [– 1, 3]
   Wertebereich von f: W = [– 3; 3]

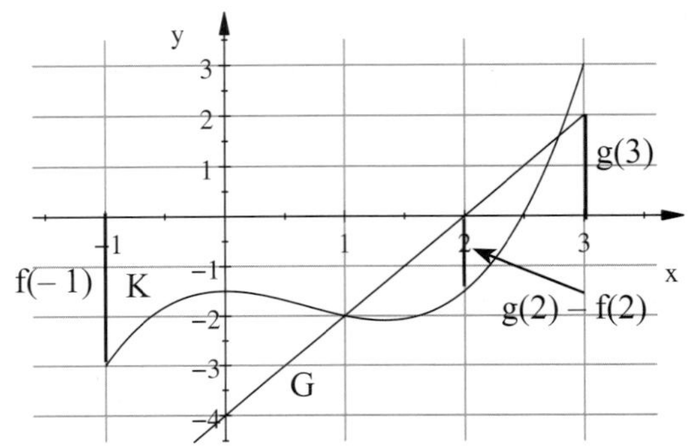

Seite 36

5. Abb. 2 und Abb. 3 gehören nicht zu einer Funktion. Es gibt einen x-Wert, dem mehr als ein y-Wert zugeordnet wird.

6.

x	$f(x) = \frac{1}{4}x$	$f(x) = 3 - 4x$	$f(x) = 0{,}25x^2$	$f(x) = x^2 - 3x$	$f(x) = \frac{2}{x}$
3	$\frac{3}{4}$	-9	$\frac{9}{4}$	0	$\frac{2}{3}$
-4	-1	19	4	28	$-\frac{1}{2}$
$-\frac{2}{3}$	$-\frac{1}{6}$	$\frac{17}{3}$	$\frac{1}{9}$	$\frac{22}{9}$	-3
0,6	0,15	0,6	0,09	$-1{,}44$	$\frac{10}{3}$
a	$\frac{1}{4}a$	$3 - 4a$	$0{,}25a^2$	$a^2 - 3a$	$\frac{2}{a}$
a + 1	$\frac{1}{4}(a+1)$	$-1 - 4a$	$0{,}25(a+1)^2$	$a^2 - a - 2$	$\frac{2}{a+1}$
$-u$	$-\frac{1}{4}u$	$3 + 4u$	$0{,}25u^2$	$u^2 + 3u$	$-\frac{2}{u}$

7. A: nein; keine Symmetrie zur y-Achse
   B: nein; keine Parabel
   C: ja; $y = -\frac{1}{2}x^2 + 2$

8. a) $f(x) = 3x - 5$

x	-2	0	$\frac{1}{2}$	2
f(x)	-11	-5	$-3{,}5$	1

b) $f(x) = x^2 - 2x + 3$

x	-2	0	2	3
f(x)	11	3	3	6

c) $f(x) = \frac{2}{x^2}$

x	0,5	1	1,5	2
f(x)	8	2	$\frac{8}{9}$	0,5

Seite 40

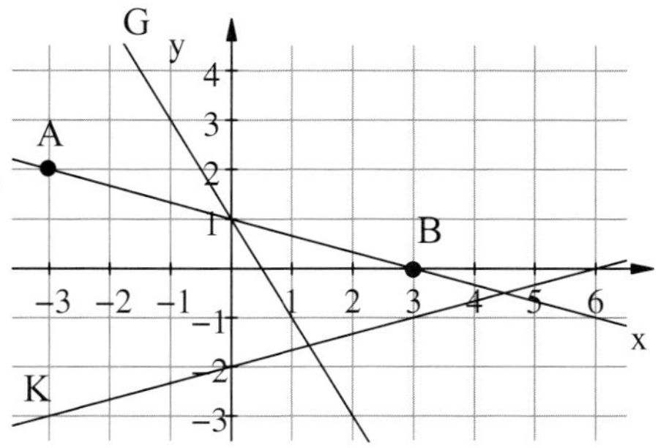

1. a) $f(-2) = -\frac{8}{3}$; $f(0{,}5) = -\frac{11}{6}$
   $f(1{,}5) = -1{,}5$; $f(3) = -1$
   $f(4) = -\frac{2}{3} > -0{,}7$; P liegt unterhalb von K.

   b) $f(x) = 0$ für $x = 6$
   $f(x) = -3$ für $x = -3$

   c) $g(x) = -2x + 1$
   $S(1{,}29 \mid -1{,}57)$

   d) Gleichung der Geraden durch die Punkte A und B: $y = -\frac{1}{3}x + 1$

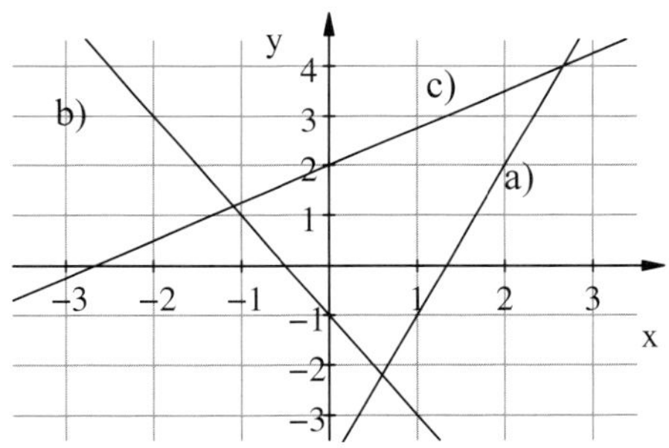

2. a) $f(x) = 3x - 4$; $x_N = \frac{4}{3}$
   b) $f(x) = -2x - 1$; $x_N = -\frac{1}{2}$
   c) $f(x) = \frac{3}{4}x + 2$; $x_N = -\frac{8}{3}$

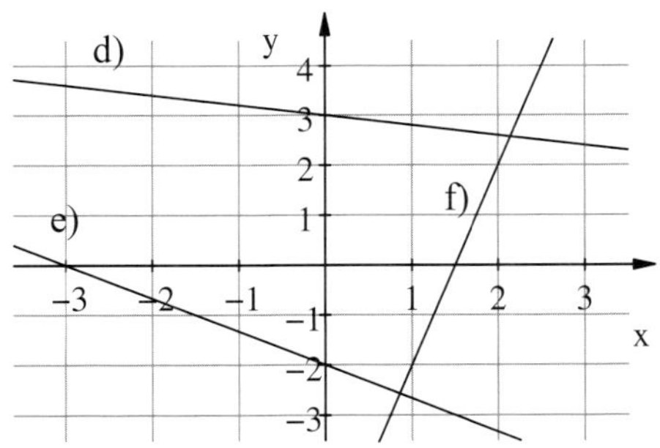

   d) $f(x) = -0{,}2x + 3$; $x_N = 15$
   e) $f(x) = -\frac{2}{3}x - 2$; $x_N = -3$
   f) $f(x) = 4x - 6$; $x_N = \frac{3}{2}$

3. a) $y = f(x) = -\frac{2}{5}x + 3$ b) $y = f(x) = -\frac{2}{5}x + \frac{14}{5}$ c) $y = f(x) = -\frac{2}{5}x - \frac{17}{10}$
4. parallel: $m = \frac{5}{2}$
   a) $f(x) = \frac{5}{2}x + 14$ b) $f(x) = \frac{5}{2}x + \frac{15}{8}$ c) $f(x) = \frac{5}{2}x + \frac{5}{4}$
5. Ansatz: $f(x) = mx - 4$
   a) $f(x) = \frac{2}{3}x - 4$ b) $f(x) = -\frac{5}{8}x - 4$ c) $f(x) = 4x - 4$
6. Punktprobe mit $(-1 \mid 0)$ in $f(x) = 4ax + 3$ ergibt $a = \frac{3}{4}$.

Seite 40

7. $f(x) = -\frac{2}{3}x + 4$

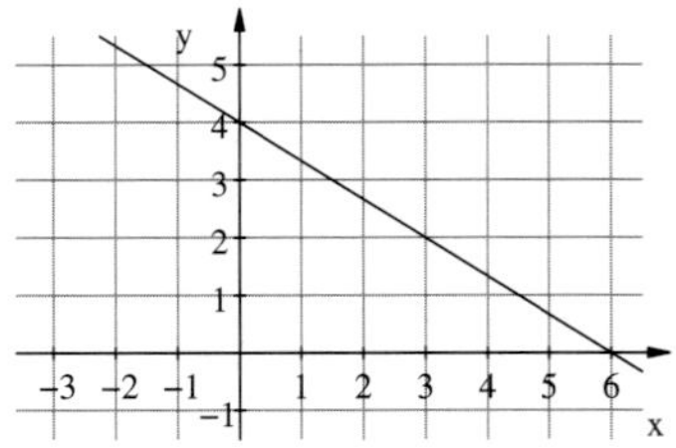

Seite 41

8. Abb. 1: $g(x) = -\frac{1}{4}x + 3$; $h(x) = -\frac{3}{2}x + 1$; $S(-\frac{8}{5} \mid \frac{17}{5})$

   Abb. 2: $g(x) = 3x - 3$; $h(x) = -\frac{1}{2}x + \frac{5}{2}$; $S(\frac{11}{7} \mid \frac{12}{7})$

   Abb. 3: $g(x) = 3$; $h(x) = \frac{4}{3}x - 1$; $S(3 \mid 3)$

   Abb. 4: $g(x) = x + 3$; $h(x) = -4x + 8$; $S(1 \mid 4)$

9. a) $m = \frac{\Delta y}{\Delta x} = 0{,}5$

x	–1	0	1	2	4	6
f(x)	**0,5**	1	1,5	2	3	4

b) $m = \frac{\Delta y}{\Delta x} = -\frac{2}{3}$

x	0	1	2	3	4	5
f(x)	$\mathbf{\frac{8}{3}}$	2	$\frac{4}{3}$	$\frac{2}{3}$	**0**	$-\mathbf{\frac{2}{3}}$

10. a) $f(x) = \frac{3}{4}x + 3$

b) Zeichnung

c) $f(x) = 2 \iff x = -\frac{4}{3}$; $S(-\frac{4}{3} \mid 2)$

d) $g(x) = \frac{1}{2}x + 1$

$g(x) = f(x)$ für $x = -8$

Schnittpunkt $(-8 \mid -3)$

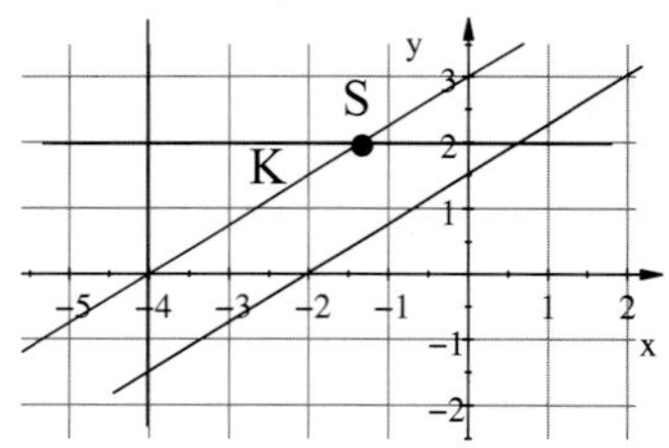

Seite 42

11. a) $S(5 \mid 6)$ b) $S(\frac{6}{5} \mid \frac{14}{5})$ c) $S(-\frac{48}{23} \mid -\frac{52}{23})$ d) $S(-\frac{20}{9} \mid \frac{5}{3})$

12. ja, z. B. $y = 2$

nein; Für eine lineare Funktion gilt D = **R.**

13. a)

b) Schnittpunkt $S(2 \mid -1)$

c) $A = \frac{1}{2}(\frac{5}{2} - \frac{1}{2}) \cdot 1 = 1$

d) $g(x) \leq 0$ für $x \geq \frac{1}{2}$

G verläuft unterhalb der x-Achse

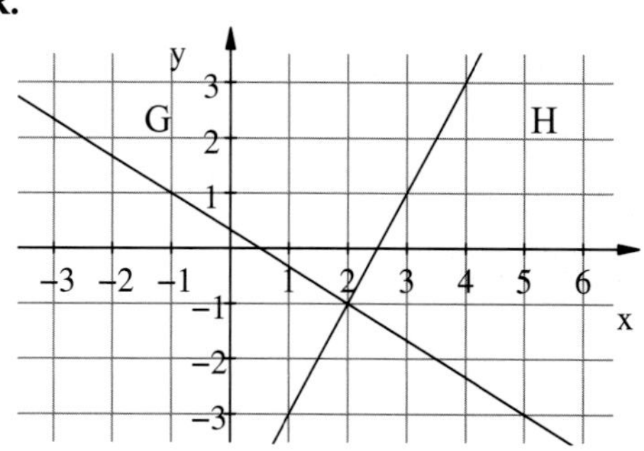

Seite 42

14. a) K: $y = -\frac{2}{3}x + 2$ hat.

b) G: $y = 2x - 1$

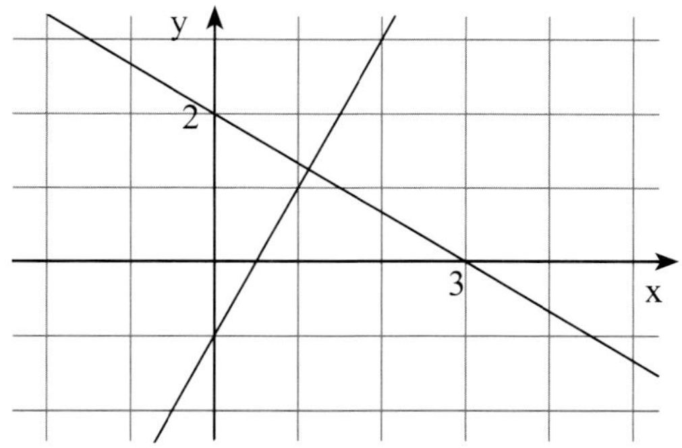

15.

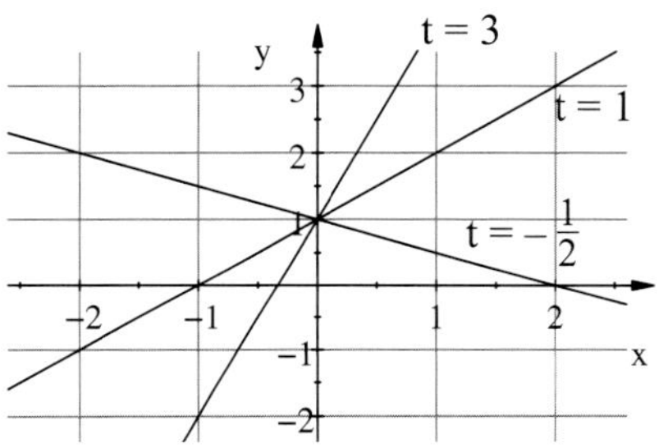

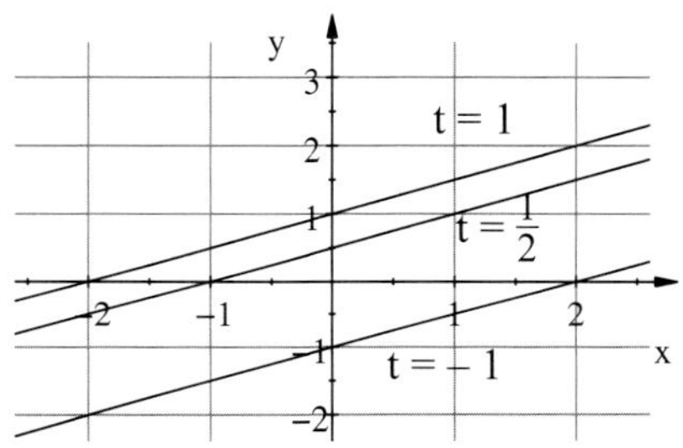

Seite 49

1. a) $f(x) = x^2 + 4x$; $x_1 = 0$; $x_2 = -4$;

   S(− 2 | − 4)

   b) $f(x) = x^2 + 4x + 5$; keine Nullstellen

   S(−2 | 1)

   c) $f(x) = -\frac{1}{2}x^2 + 3$; $x_1 = \sqrt{6}$; $x_2 = -\sqrt{6}$

   S(0 | 3)

   d) $f(x) = \frac{1}{2}(x - 3)(x + 1)$; $x_1 = 3$; $x_2 = -1$;

   S(1 | −2)

   e) $f(x) = x^2 - 3x - 4$; $x_1 = 4$; $x_2 = -1$;

   S(1,5 | − 6,25)

   f) $f(x) = -\frac{1}{4}(x^2 - x - 4)$

   $x_1 = -1{,}56$; $x_2 = 2{,}56$;

   S(0,5 | 1,0625)

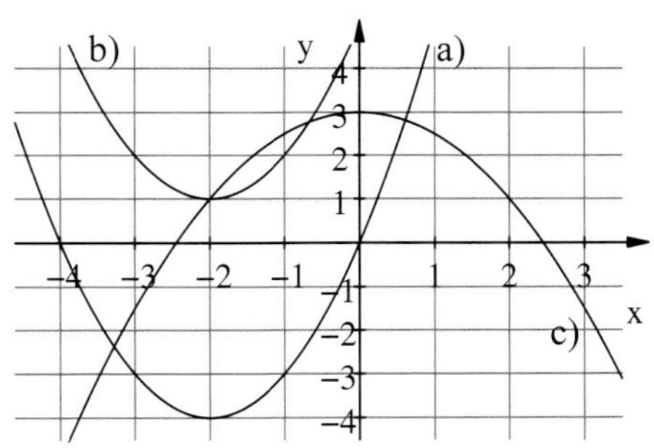

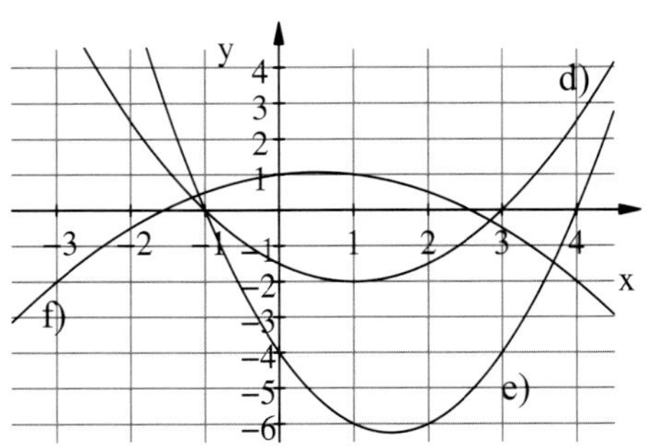

Seite 49

2. a) $S_{1|2}(-1|-6{,}5)$ b) $S_1(0 \mid 0)$; $S_2(-6 \mid 18)$
   c) $S_{1|2}(1|3)$ d) $S_1(1{,}4 \mid 2{,}96)$; $S_2(-1 \mid 2)$

3. a) $f(x) = (x-1)(x-5)$ b) $f(x) = -x(x+3)$ c) $f(x) = (x-2)^2$

4. a) $x^2 - 2x = 0$ für $x_1 = 0$; $x_2 = 2$
   b) $1 = -\frac{1}{2}x^2 + 3$ für $x_1 = 2$; $x_2 = -2$
   c) $2x - 1 = x^2$ für $x_{1|2} = 1$

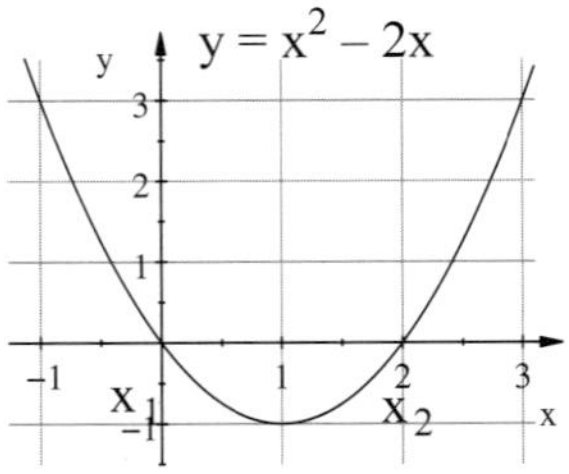

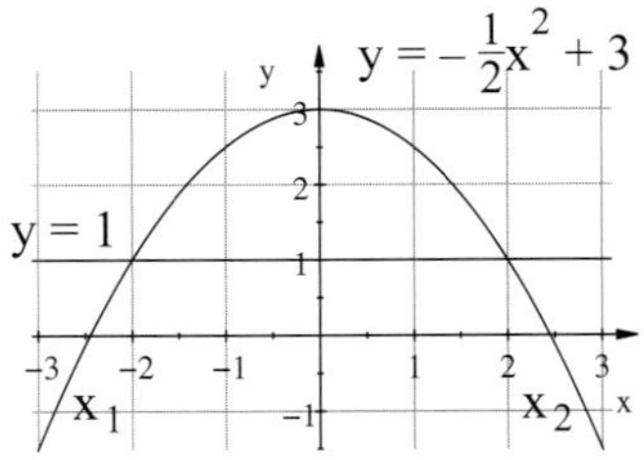

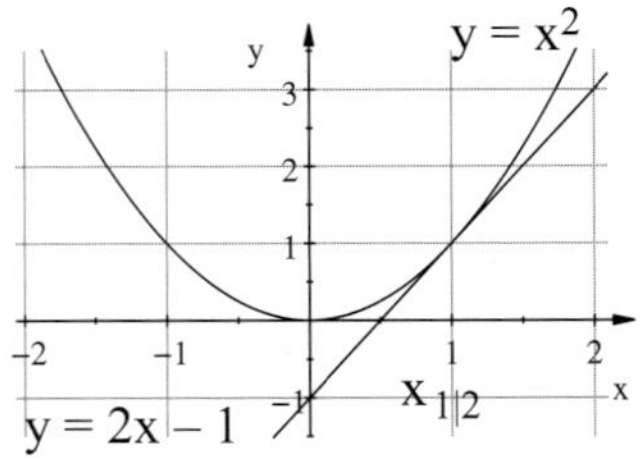

5. a) $f(x) = x(x+2)$; SP_x: $(0 \mid 0)$; $(-2 \mid 0)$; Nach oben geöffnet; $x_S = -1$
   b) $f(x) = -x^2 - 3$; keine SP_x; Nach unten geöffnet; $S(0 \mid -3)$; Symmetrie zur y-Achse
   c) $f(x) = \frac{1}{2}x^2$ Berührpunkt $B = S(0 \mid 0)$; Nach oben geöffnet; Symmetrie zur y-Achse
   d) $f(x) = (x+1)^2 - 2$ $S(-1 \mid -2)$; Nach oben geöffnet
   e) $f(x) = -(x-3)^2$ Nach unten geöffnet; Berührpunkt $B = S(3 \mid 0)$
   f) $f(x) = (x+3)(x-2)$ SP_x: $(2 \mid 0)$; $(-3 \mid 0)$; Nach oben geöffnet; $x_S = -0{,}5$

6. P: $y = \frac{1}{2}x^2 - x - 4$ g: $y = -\frac{3}{2}x + 2$
   a) Koordinaten des Scheitels $S(1 \mid -4{,}5)$
   b) Schaubild
   c) $S_1(-4 \mid 8)$ $S_2(3 \mid -2{,}5)$
   d) $\overline{S_1S_2} = \sqrt{7^2 + 10{,}5^2} = 12{,}62$

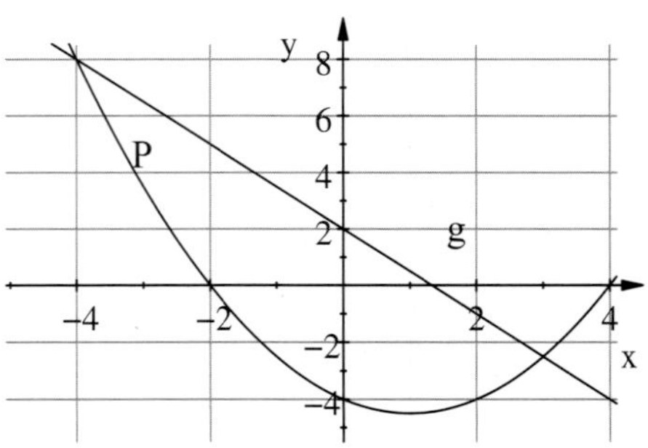

7. K und die Gerade mit $y = 2$ berühren sich. Der Berührpunkt ist der Scheitel mit $y_S = 2$.

8. Ansatz: $f(x) = ax^2 + c$
   $(0 \mid 3)$: $c = 3$ Punktprobe mit $A(2 \mid 1)$ ergibt $a = -\frac{1}{2}$
   Parabelgleichung $y = -\frac{1}{2}x^2 + 3$

Seite 50

9. a) $f(x) = x^2 - 2$ b) $f(x) = (x - 2)^2$ c) $f(x) = -(x - 2)(x + 1)$

   d) $f(x) = -x(x + 3)$

10. a) p_1: $y = \frac{3}{8}x^2 - 3$ p_2: $y = -\frac{1}{2}x^2 + 2x + 3$

    b) $SP_1(-1{,}71 \mid -1{,}90)$; $SP_2(4 \mid 3)$

    c) $S_1\ (2 \mid 5)$; $S_2(0 \mid -3)$

    d) Abstand $d = \sqrt{2^2 + 8^2} = 8{,}25$

11. A: $y = x$, Ursprungsgerade mit Steigung $m = 1$ durch $(0 \mid -2)$

    B: $y = -x - 2$, Gerade mit Steigung $m = -1$ durch $(0 \mid -2)$

    C: $y = x^2$; Normalparabel

    D: $y = (x - 2)^2$; Normalparabel um 2 nach rechts verschoben

Seite 51

12. G schneidet die x-Achse in $(4 \mid 0)$.

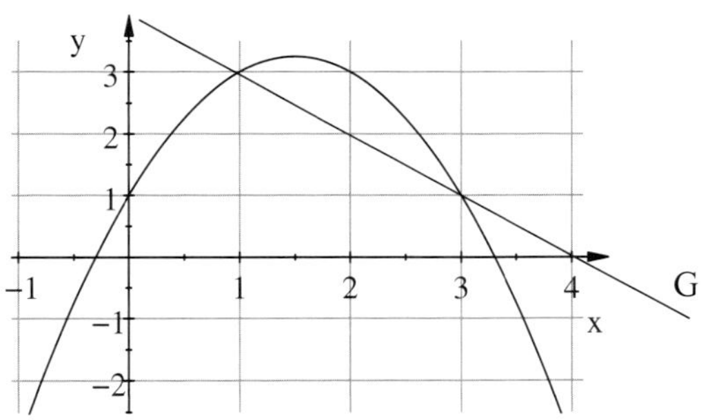

13. Abb. 1: Mehr als zwei Schnittpunkte mit der x-Achse.

    Abb. 2: Keine Achsensymmetrie

14.

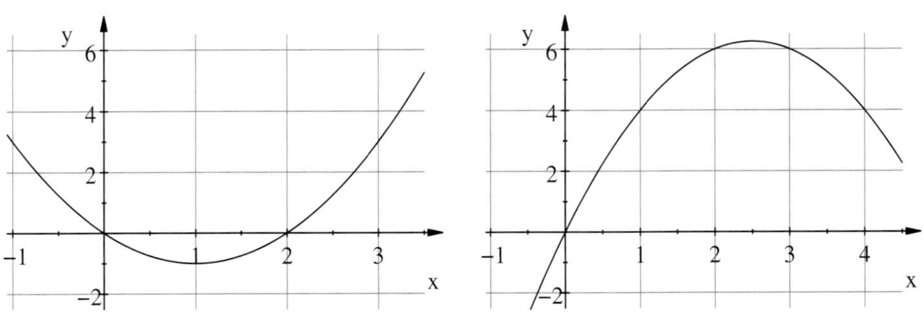

Seite 51

15. a)

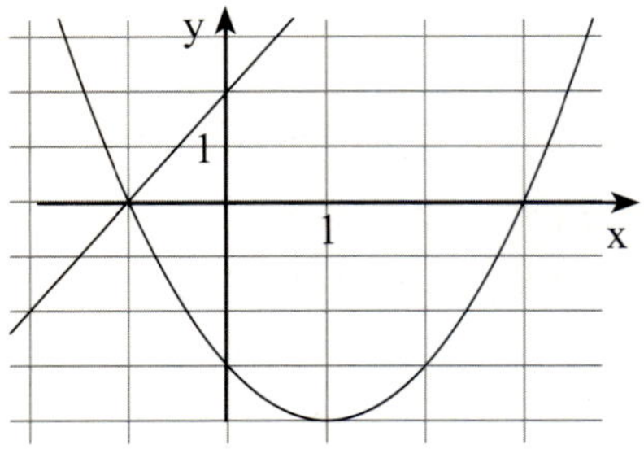

b) Geradengleichung y = 2x + 2

Seite 52

16. a) $f(x) = ax(x - b)$; $x \in \mathbf{R}$

Aus N(4 | 0) folgt b = 4; Punktprobe mit (2 | – 2) ergibt: $a = \frac{1}{2}$

Gleichsetzen ergibt: $\frac{1}{2}x(x - 4) = mx \iff \frac{1}{2}x^2 - 2x - mx = 0$

Die Lösungen $x_1 = 0$ und $x_2 = 2(2 + m)$ fallen zusammen für m = – 2.

Die Ursprungsgerade mit der Gleichung y = – 2x berührt die Parabel im Ursprung.

b) P_1 berührt K in x = 4

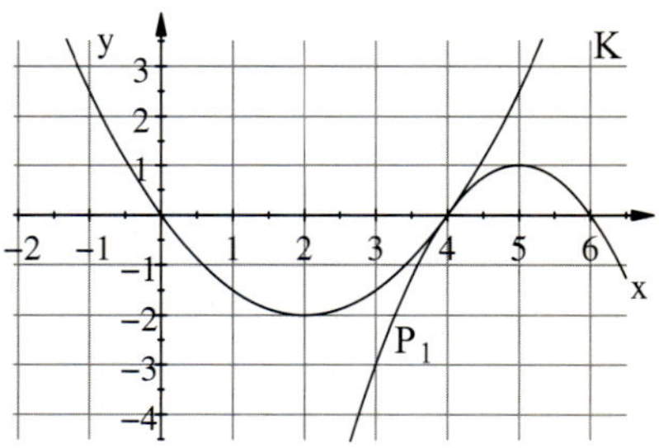

P_2 schneidet K auf der x-Achse

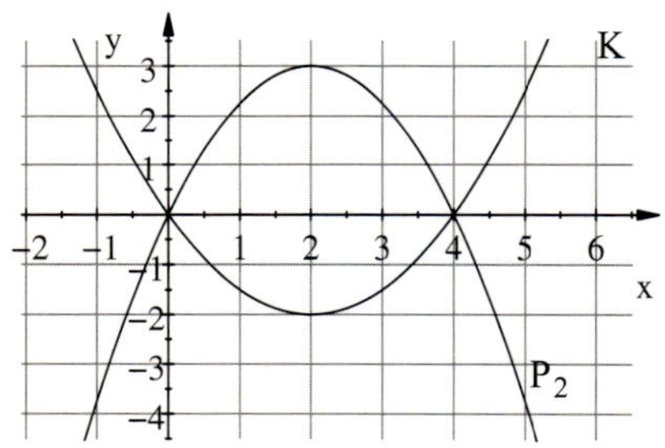

P_3 berührt K im Ursprung

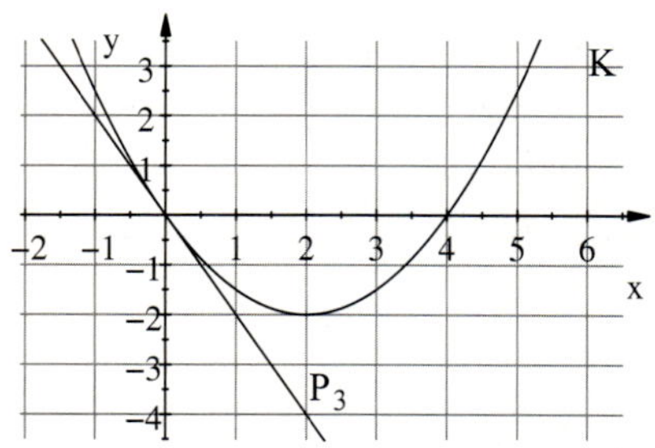

17.

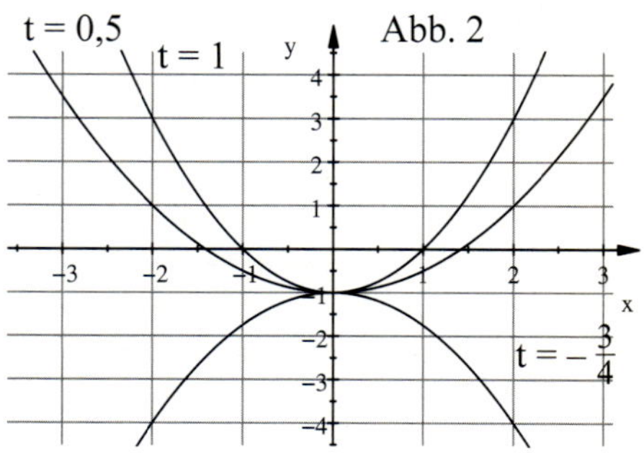

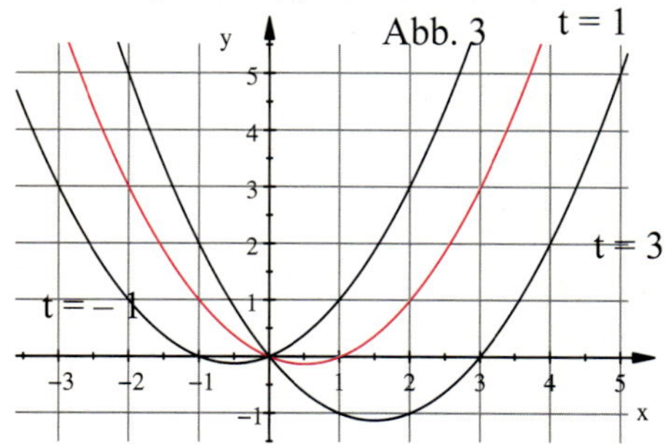

Seite 52

18\. a) Punktprobe mit 3 Punkten z. B. (0 | – 3); (1 | 0) und (– 3 | 0) ergibt jeweils eine wahre Aussage. Oder: Aufstellen mit dem Ansatz $f(x) = a(x - 1)(x + 3)$

Gleichsetzen ergibt: $x^2 + 2x - 3 = 4x + t \iff x^2 - 2x - 3 - t = 0$

Berühren heißt doppelte Lösung, also D = 0: $D = 4 + 4(3 + t) = 0$ für $t = -4$

Berührstelle $x_B = 1$; Berührpunkt B(1 | 0)

b)

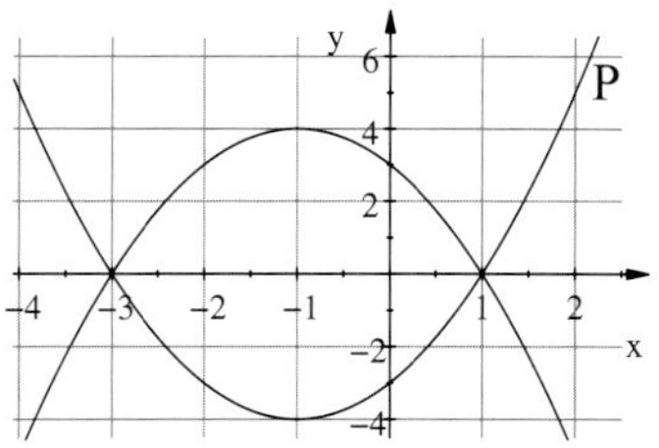

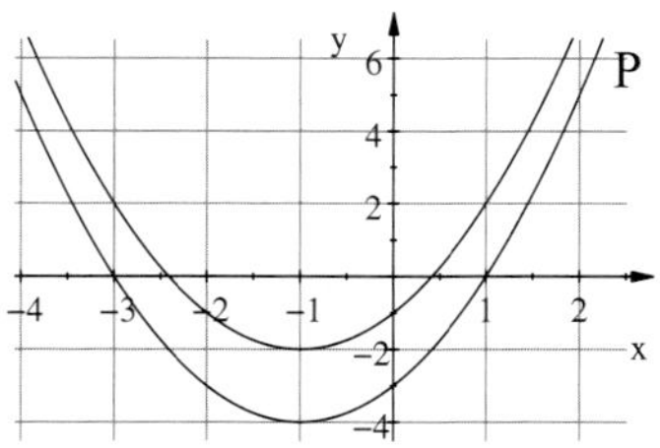

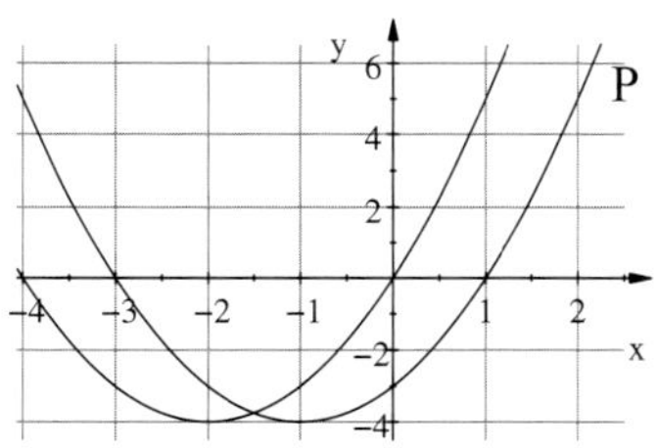

Seite 55

1\. $G(x) = -\frac{1}{18}x^2 + \frac{100}{3}x - 3200$; $x \geq 0$.

a) G(400) = 1244,4 Gewinn

b) Negative Funktionswerte bedeuten Verlust

x	0	100	200	250	300	600
G(x)	– 3200	– 422	1244	1661	1800	– 3200

c) Gewinnkurve

d) Gewinn für $120 < x < 480$

Maximaler Gewinn von 1800 in x = 300.

e) G(x) = 1000 für x = 180 bzw. x = 420

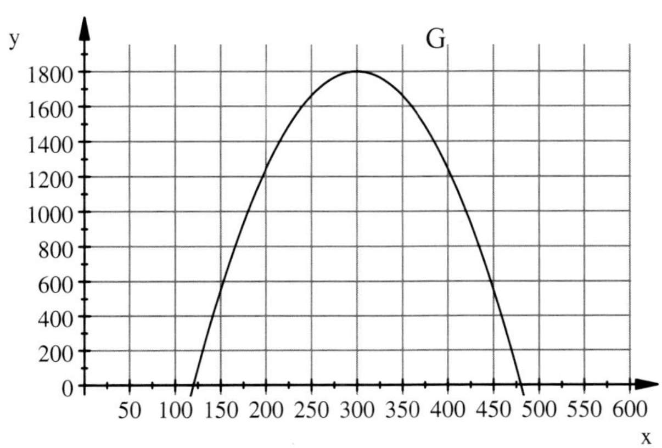

Seite 56

2. a) $f(1) = 0{,}49$ Der Ball befindet sich in einer Höhe von etwa 0,5 m.
   b) $f(x) = 2$ für $x = 4{,}22$ bzw. $x = 75{,}78$
   c) $f(x) = 0$ für $x = 80$ $(x > 0)$
   d) Für $x = 40$ erreicht der Ball den höchsten Punkt der Flugbahn in 10 m Höhe.
   e) $f(9) = 4{,}0$ nein
3. Für die Vorbeifahrt braucht die S-Bahn 15 Sekunden.
   Für die vollständige Einfahrt und Ausfahrt braucht sie dann jeweils 15 Sekunden.
   Die Spitze der S-Bahn ist dann 30 Sekunden im Tunnel.
   Die S-Bahn ist 200 m lang und hat eine Geschwindigkeit von $\frac{400\ \text{m}}{30\ \text{s}} = 13{,}\overline{3}\ \frac{\text{m}}{\text{s}} = 48\ \frac{\text{km}}{\text{h}}$.

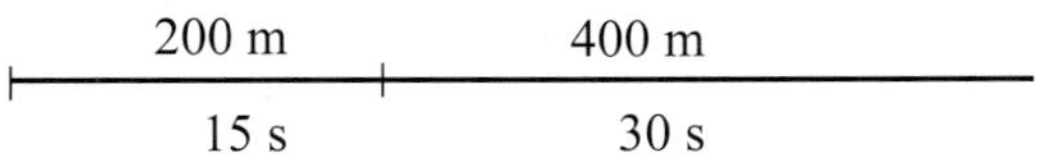

4. Eine Rechtecksseite ist x, die andere $(50 - x)$.
   Flächeninhalt in Abhängigkeit von x: $A(x) = x(50 - x)$; $0 \leq x \leq 50$
   Die zugehörige Parabel hat ihren Scheitel in $x = 25$ mit $A(25) = 625$.
   Der größte Hühnerhof hat eine Fläche von 625 m^2.
   Das Bild B gehört zu dieser Aufgabe.
5. a) $f(0) = 80$; Temperatur zu Messbeginn: 80 ° C.
   b) $f(10) = 53{,}75$; Die Temperatur nimmt um 80 ° – 53,75 ° = 26,25 ° ab.
   c) $f(t) = 20$ in $t = 40$
   d) Für $0 \leq t \leq 40$ geeignet, danach nicht mehr,
   da die Temperatur wieder ansteigt.
6. $y = -\frac{1}{4}x^2 + 2x$
   a) Schaubild
   b) maximale Höhe 4 m

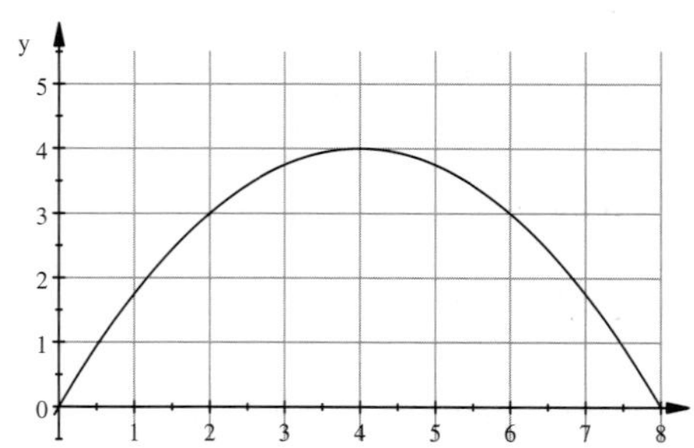

Seite 57

7. Schaubild (I) gehört zur Kegelkerze.
   Begründung: Die Kerze verbrennt im Laufe der Brenndauer immer langsamer, d. h., mit zunehmender Brenndauer nimmt die Länge der Kerze immer langsamer ab, da die Kerze nach unten immer breiter wird.

Seite 57

7. Schaubild (II) gehört zur Kugelkerze.
   Begründung: Bis die Hälfte der Kerze abgebrannt ist, nimmt die Länge der Kerze mit zunehmender Brenndauer immer langsamer ab. Danach nimmt die Länge der Kerze mit zunehmender Brenndauer immer schneller ab, weil die Kerze in der Mitte am dicksten ist.

   Schaubild (III) gehört zur Stumpenkerze.
   Begründung: Die Kerze verbrennt gleichmäßig, da sie überall gleich dick ist, d. h., die Länge der Kerze nimmt konstant ab. Der Graf ist eine Gerade mit negativer Steigung.

8. a)

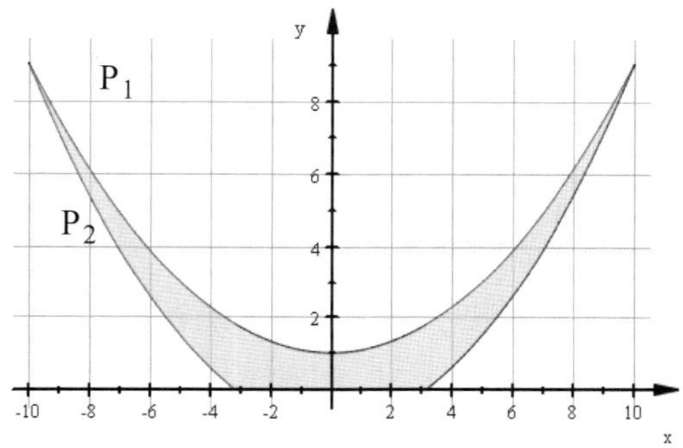

   b) P_2 schneidet die x-Achse etwa in ± 3,16.
   Die Standfläche ist ein Kreis mit Radius 3,16 und hat den Inhalt
   $A = \pi \cdot 3{,}16^2 \approx 31{,}4$

Seite 58

9. Schaubild:

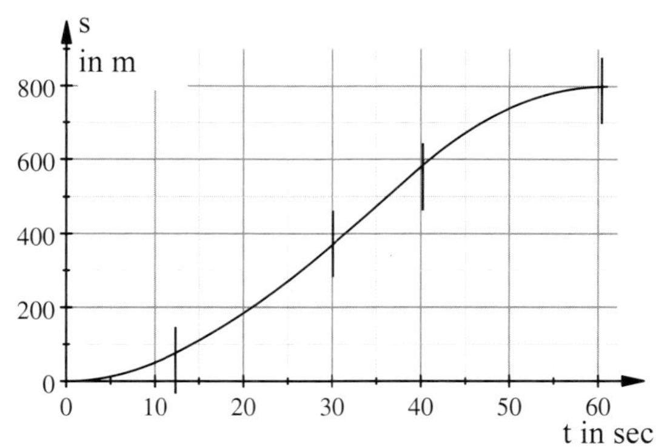

   Abstand der Haltestellen:
   s(61) = 799,5
   Die Haltestellen sind 799,5 Meter voneinander entfernt.
   s(12) = 72
   s(30) – s(12) = 297
   s(40) – s(30) = 210
   s(61) – s(40) = 220,5
   Im 1. Zeitabschnitt werden 72 Meter, im zweiten 297 Meter, im dritten 210 Meter und im vierten 220,5 Meter zurückgelegt.

10. a) Phase 1 beginnt in einer Höhe von 6000 Metern.
   Nach 20 Sekunden ist das Flugzeug auf eine Höhe von 7500 Metern gestiegen.
   Jetzt fängt die zweite Phase an, in der das Flugzeug seine maximale Höhe erreicht.
   Sie dauert 30 Sekunden. In Phase 3 nach insgesamt 70 Sekunden erreicht das Flugzeug wieder seine Ausgangshöhe.

   b) Eine zur y-Achse symmetrische Parabel beschreibt Phase 1: $h(t) = at^2 + c$
   mit c = 6000 und h(20) = 7500 erhält man:
   $a \cdot 400 + 6000 = 7500 \Rightarrow a = \frac{15}{4}$
   Funktionsterm: $h(t) = \frac{15}{4}t^2 + 6000$

Seite 58

10. c) Flugdauer in Sekunden: $t_{ges} = 2 \cdot 300 + 30 \cdot 70 + 29 \cdot 30 = 3570$
Zeit der Schwerelosigkeit in Sekunden: $t_S = 30 \cdot 30 = 900$
Dies entspricht ca. 25 % der gesamten Flugdauer.

Seite 59

11. a) Wassereinlauf in 2 Stufen: Herr M. steigt wohl im 18.08 Uhr in die Wanne und verlässt sie wieder um 18.16 Uhr. Um 18.22 Uhr ist die Wanne leer.

b)
$$V(t) = \begin{cases} 12{,}5t & \text{für } 0 \leq t < 4 \\ 2{,}5t + 40 & \text{für } 4 \leq t < 8 \\ 60 & \text{für } 8 \leq t < 16 \\ -10t + 220 & \text{für } 16 \leq t \leq 22 \end{cases}$$

c) Maximale Einlaufgeschwindigkeit: 12,5 l/min (positive Steigung der Geraden)
Maximale Auslaufgeschwindigkeit: 10 l/min (negative Steigung der Geraden)

12. Nach 15 Minuten hat Hans seinen Freund Karl eingeholt. Beide haben dann den halben Weg zurückgelegt.

13. Koordinatensystem

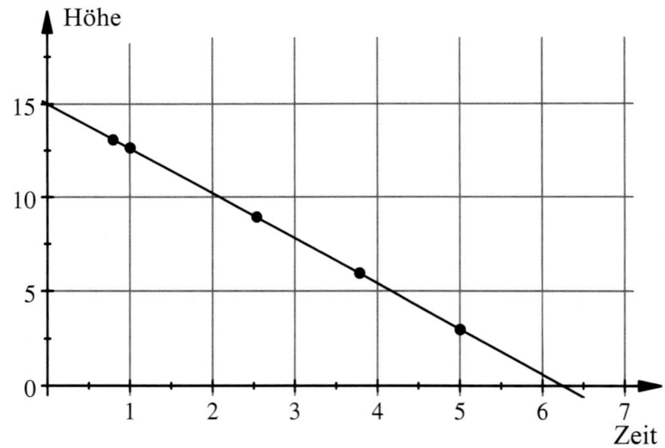

Da die Messwerte auf einer Geraden liegen, kann dies als Bestätigung angesehen werden, dass die Länge der Kerze gleichmäßig abnimmt.
Zu Beginn war die Kerze 15 cm hoch.
Nach etwa 3 Stunden ist sie nur noch halb so hoch.
Geradengleichung: Steigung $m = \frac{12{,}6 - 9}{1 - 2{,}5} = -2{,}4$
Punktprobe mit z. B. (5 | 3) ergibt b = 15; $y = -2{,}4x + 15$
Bedingung: $y = -2{,}4x + 15 = 0{,}4 \cdot 15 \Leftrightarrow -2{,}4x + 15 = 6 \Leftrightarrow x = 3{,}75$
Nach 3 Stunden 45 Minuten sind 60 % der Kerze abgebrannt.